Anneliese Herzig
Eucharistische Anbetung

Band 10 der Reihe „Spiritualität und Seelsorge“, die von P. Martin Leitgöb und P. Hans Schalk im Auftrag der Ordensgemeinschaft der Redemptoristen herausgegeben wird.

ANNELIESE HERZIG

EUCHARISTISCHE ANBETUNG

EINE BEGEGNUNG, DIE **VERWANDELT**

Tyrolia-Verlag · Innsbruck-Wien

Mitglied der Verlagsgruppe „engagement“

2018

Umschlaggestaltung: stadthaus 38, Innsbruck
Layout und digitale Gestaltung: Tyrolia-Verlag
Druck und Bindung: FINIDR, Tschechien
ISBN 978-3-7022-3636-6 (*gedrucktes Buch*)
ISBN 978-3-7022-3650-2 (*E-Book*)
E-Mail: buchverlag@tyrolia.at
Internet: www.tyrolia-verlag.at

INHALT

EIN WORT ZU BEGINN

Ein Buch über eucharistische Anbetung. Ausgerechnet. Jetzt, im Jahr 2017. Es hat klar seinen Platz in einer Reihe zu redemptoristischer Spiritualität, ist doch der Gründer der Redemptoristen, der heilige Alfons von Liguori, einer der großen „Troubadoure“ dieser Frömmigkeitsform[1]. Aber gibt es nicht in der heutigen Welt- und Kirchensituation wichtigere Probleme? Was berechtigt zu einem (weiteren) Nachdenken zu diesem Thema – angesichts so vieler drängender ethischer und pastoraler Fragen? Oder ist es gar eine überholte Gebetsform, die noch dazu „typisch katholisch“ ist und ein Thema berührt, das die christlichen Kirchen teilweise trennt?

Ich schreibe dieses Buch, während ich mich gleichzeitig an meiner Arbeitsstelle in der Dreikönigsaktion der Katholischen Jungschar Österreichs mit Klimawandel, zerstörerischem Bergbau und Menschen, die dagegen ankämpfen, mit Menschenrechtsfragen und vielem anderen mehr beschäftige. Ich schreibe dieses Buch, während Menschen hungern, obwohl die Erde eigentlich genügend Lebensmittel für alle produzieren könnte. Ich schreibe dieses Buch, während in unserem Haus zwei Flüchtlingsfamilien aus Syrien wohnen, die alles verlassen haben und deren Freunde und Verwandten in aller Welt zerstreut sind. Ich schreibe dieses Buch, während unsere Ordensgemeinschaft, wie so viele andere, mit „Nachwuchssorgen“ kämpft und während viele Pfarrgemeinden oft mühsam einen Weg in die Zukunft suchen. Ich schreibe dieses Buch in der Nachbarschaft unserer Einrichtung für wohnungslose Familien und denke an die Menschen, die ohne Obdach sind, auch in meiner Stadt. Egal ob Sommer oder Winter. Ich schreibe dieses Buch, während die christliche Präsenz im Nahen und Mittleren Osten aufgrund von Unterdrückung und Verfolgung im Verschwinden ist und bei uns viele Menschen mit Glauben und Religion nichts mehr anfangen können. Ich schreibe dieses Buch, während wir an 500 Jahre Reformation erinnern und uns dabei der weiterhin bestehenden Trennung der Kirchen schmerzlich bewusst werden, auch wenn vieles an ökumenischem Miteinander gewachsen ist. Verehrung der Eucharistie außerhalb der Messe gehört aber auch zu den theologisch umstrittenen Punkten zwischen der römisch-katholischen und den meisten protestantischen Kirchen. Hat es da wirklich Sinn, über dieses doch sehr „binnenkatholische" Thema zu schreiben?

Für mich selbst ist die Praxis der eucharistischen Anbetung seit vielen Jahren ein großer Schatz in meinem Gebetsleben. In meiner Ordensgemeinschaft hat sie ihren festen Platz. Es sind kostbare Zeiten, von denen wir leben und die uns helfen, unseren Dienst zu tun und unser Ordensleben zu gestalten. In diesem Buch möchte ich meine Erfahrungen mit dieser Gebetsform teilen. Die Idee dazu ist in vielen Jahren gewachsen. Ich hoffe, dass meine Gedanken und Einsichten für Menschen, mit denen mich schon diese Art des Betens verbindet, vertiefend sein können. Ich hoffe auch, dass das Buch ebenso von manchen gelesen wird, die bisher noch keinen Zugang gefunden haben, aber irgendwie damit in Berührung sind. Und ich hoffe, dass einige Einseitigkeiten, die ich hie und da beobachte, aufgebrochen werden können. Eucharistische Anbetung ist für mich eine gute, sinnvolle Gebetsform. „Heilsnotwendig" ist sie nicht, aber ich werbe gerne für sie!

Trotzdem bleibt die Frage danach, ob es angesichts der Probleme in der Welt und in der Kirche angemessen ist, ein Buch über dieses Thema zu schreiben. Eine Überlegung von Stephan Ernst gibt mir den Mut dazu[2]: Im Blick auf die Eucharistiefeier macht er deutlich, dass die Frucht der Feier eine Wandlung unserer Praxis ist. Und zwar in dem Sinn, dass im Glauben unser Leben und Handeln „dadurch verwandelt [wird], dass wir in der Gewissheit des Glaubens vom ängstlichen Festhalten am eigenen sicheren Nutzen *befreit* und zu wahrhaft mitmenschlichem Handeln *befähigt* werden“[3]. In den Sakramenten und zentral in der Eucharistie werden uns die Zuwendung Gottes in Christus Jesus und seine Vergebungsbereitschaft präsent und offenbar gemacht.

> „In der Eucharistiefeier geht es also nicht nur um die Verwandlung von Brot und Wein in Fleisch und Blut Jesu Christi im Sinne einer distanzierten Verzauberung. Es geht vielmehr wesentlich darum, dass die Mitfeiernden selbst, ihr Leben, ihr Herz und ihr Handeln verwandelt werden, indem die verborgene Voraussetzung der Gemeinschaft mit Christus und der Zuwendung Gottes für sie bestimmend wird. … Den Mitfeiernden wird deutlich, dass sie zu Christus gehören, dass sie Söhne und Töchter Gottes sind und deshalb zu allen Menschen in geschwisterlicher Beziehung stehen. … Dieser Gedanke lässt sich auch kosmisch weiten. Insofern nämlich nicht nur die Menschen, sondern die Welt im Ganzen in Christus geschaffen und damit von Gott angenommene und geliebte Welt ist, wird in der Eucharistie auch die Verbundenheit des Menschen mit der ganzen Welt als Schöpfung Gottes deutlich.“[4]

Dass es auch um die Wandlung der Mitfeiernden geht, wird daran deutlich, dass der Heilige Geist im Hochgebet der Eucharistiefeier nicht nur auf die Gaben von Brot und Wein, sondern auch auf die Gemeinde herabgerufen wird. Sie soll ihrer Berufung nachkommen können und, von der ängstlichen Sorge um eigene Sicherheit, Wohlergehen und Bequemlichkeit befreit, sich und ihr Handeln öffnen können für die Nöte der Welt. Darin eingeschlossen sind die Armen und die Leidenden ebenso wie die gequälte Schöpfung.

Auch eucharistische Anbetung als eine Art meditativer „Verlängerung“ der Feier der Eucharistie hat daran Anteil. Wenn auch das zweckfreie Element der Anbetung gewahrt bleiben muss, wird sie doch gerade dann zu ihrem Ziel kommen, wenn sie den Menschen innerlich umwandelt, befreit und je mehr befähigt zu einer Praxis in der Nachfolge Jesu. Sie erlaubt gerade nicht – wie Gottfried Bachl kritisch und pointiert formuliert – eine „risikofreie Umgehung der Umkehr, wie sie Paulus für den Genuss der Eucharistie fordert“[5]. Die Aussagen des päpstlichen Lehramts zu Eucharistie und eucharistischer Anbetung haben diesen Zusammenhang hinlänglich und eindrücklich ins Wort gebracht. Bereits Papst Paul VI. hat in seiner Enzyklika *Mysterium Fidei* (1965)[6] klargelegt, dass „der Kult der Eucharistie nachdrücklich zur ‚sozialen‘ Liebe“ drängt (Nr. 70). In praktisch allen Schreiben seiner Nachfolger zur Eucharistie wird dasselbe mit anderen Worten betont. Der Einsatz für Arme und für eine gerechtere Welt ist Kriterium nicht nur der Echtheit der Teilnahme an der Eucharistiefeier, sondern auch der eucharistischen Anbetung (vgl. Johannes Paul II., *Mane nobiscum Domine* 2004, Nr. 28)[7]. Eucharistische Spiritualität umfasst das ganze Leben, nicht nur die Mitfeier der Messe und die Verehrung der Eucharistie (Benedikt XVI., *Sacramentum Caritatis* 2007, Nr. 77)[8]. Diesem Ansatz fühlt sich auch das vorliegende Buch verpflichtet. Er gibt dem Thema Berechtigung inmitten großer Nöte und Herausforderungen in der Welt.

ANNÄHERUNG

ERFAHRUNGEN, FRAGEN, IRRITATIONEN UND AUSBLICK

1981 habe ich mein theologisches Grundstudium mit einer Diplomarbeit über eucharistische Anbetung abgeschlossen.[9] Das Thema war damals nicht gerade „modern", sondern schien eher ziemlich verstaubt. Natürlich gab es die Praxis in den Pfarrgemeinden, aber sie wurde mehr oder weniger als Überbleibsel einer vergangenen Zeit und als Hindernis in der Ökumene betrachtet, weil sie in anderen christlichen Kirchen und Gemeinschaften nicht praktiziert oder sogar dezidiert abgelehnt wird. Auf die Spur dieses Themas bin ich durch die Begegnung mit der Spiritualität von Charles de Foucauld gekommen und habe dafür bei meinem Professor offene Ohren gefunden. In der Einleitung zu dieser Arbeit habe ich zunächst kurz die historische Entwicklung skizziert und sie mit Blick auf die Liturgiereform des Zweiten Vatikanischen Konzils mit dem Satz geschlossen: „Eucharistische Frömmigkeit sollte nun wieder zur ‚Messfrömmigkeit' werden". Die Situationsanalyse habe ich dann – 1981 – mit folgendem Satz eingeleitet:

> „Diese Entwicklung der letzten Jahrzehnte bringt es mit sich, dass vielen die Eucharistieverehrung außerhalb der Messe nicht mehr so selbstverständlich ist wie früher und dies oft gerade dort, wo eine vertiefte Messfrömmigkeit

> anzutreffen ist. So sind manche gewohnte Formen eucharistischer Verehrung sichtlich im Schwinden und finden besonders bei der jüngeren Generation keinen Anklang mehr. Andererseits gehen – vor allem ältere Menschen – die altgewohnten Wege weiter, ohne auf die durch das Zweite Vatikanum und die Liturgiereform veränderte Situation zu reflektieren. … Dennoch ist die Situation ambivalent. Parallel zum Beharren in alteingesessenen Formen sowie zur Ablehnung eucharistischer Anbetung … ist in manchen Kreisen der Kirche wieder ein verstärkter Zug zum Gebet vor dem Tabernakel zu verspüren."[10]

Dieses von mir damals angesprochene Auseinanderklaffen ist meinem Eindruck nach seither noch stärker geworden. Zum einen ist im Leben vieler Pfarrgemeinden die Verehrung der Eucharistie außerhalb der Messfeier (in Form der Anbetung, der Sakramentsprozession oder des „Besuchs" im Vorbeigehen) wohl noch deutlicher zu einer Randerscheinung geworden, die zwar durchaus weiterhin existiert und in der einen oder anderen Gemeinde etwas vitaler ist, meist aber nicht im Fokus pastoraler Bemühungen steht. Auf der anderen Seite gibt es ungefähr seit der Jahrtausendwende ein Wiederaufblühen der eucharistischen Anbetung in neuen geistlichen Gemeinschaften und Jugendbewegungen. In einem Interview habe ich dazu folgenden Satz gelesen: „Im Moment kann ich mir kaum eine Bewegung vorstellen, die erfolgreich wäre, ohne eucharistische Anbetung."[11] Namentlich zu nennen sind hier z. B. Jugend 2000, Emmanuel, die Nightfever-Bewegung[12] oder das Werben um „24/7", der Tag und Nacht durchgehenden Anbetung. „Abende der Barmherzigkeit", die stets das Gebet vor den eucharistischen Gestalten mit einschließen, erfreuen sich oft großen Zuspruchs. Selbst bei Mega-Events wie beim Weltjugendtag darf eucharistische Anbetung nicht fehlen. Die Online-Enzyklopädie *Wikipedia* vermerkt ausdrücklich: „Die bisher größte eucharistische Anbetung mit ca. einer Million Gläubigen fand während der Vigil anlässlich des XX. Weltjugendtages in Köln unter Anwesenheit von Papst Benedikt XVI. statt."[13]

Und da beginnen die Fragen, auch wenn ich mich natürlich über die Neubelebung der eucharistischen Anbetung freue, da ich einer Ordensgemeinschaft angehöre, die vom heiligen Alfons von Liguori inspiriert ist, für den sie eine wichtige Weise des Betens war. Sein Büchlein „Besuchungen des Allerheiligsten Altarsakramentes und der Gottesmutter Maria" hat ja Generationen von Gläubigen begleitet. Aber: eine Million Menschen! Ist da noch etwas zu sehen von der Hostie in der Monstranz? Und was ist, wenn das wichtige Element des Schauens, das auch für die Entwicklung dieser Gebetsform entscheidend war, eigentlich für fast alle Betenden wegfällt? Ich will damit gar nicht in Frage stellen, dass die Vigil in Köln damals für viele Beteiligte eine intensive Gebetserfahrung war. Selbst Papst Benedikt XVI. schreibt über die beeindruckende Stille. Manchmal erlebe ich aber gerade bei solchen Großereignissen, dass die „Aussetzung" einer größeren Feierlichkeit des Gebets zu dienen scheint. Betont wird dann zuweilen, dass „jetzt" Jesus unter uns ist. Aber: Ist er denn sonst nicht da? Wenn der Tabernakel geschlossen ist, ist er dann nicht unter uns? Ist er nicht da, wenn wir beten und die Schrift lesen? Ist er nicht da, wenn wir im Gespräch über den Glauben sind? Ist er nicht an unserer Seite, wenn wir unser Leben als Christen und Christinnen zu gestalten versuchen und uns den Armen zuwenden? Ist er denn nicht „immer" da (vgl. Mt 28,20)? Wozu aber dann eucharistische Anbetung? Geht es um einen „Event"? Oder spielen möglicherweise – wenn auch vielleicht unbewusst – sogar eher magische Vorstellungen eine Rolle?[14] „Dient" die konsekrierte Hostie für Anbetungsstunden und Segen?

Es gibt noch andere Irritationen, z. B. im Bereich der theologischen und praxisbezogenen Literatur. Im Handbuch des

Gebets „Theologie und Spiritualität des Betens“[15], das 2016 erschienen ist, gibt es kein explizites Kapitel über eucharistische Anbetung, dafür Abschnitte über Schweigen, Küssen, Tanz, Musik, Exorzismus, Rosenkranz, Pilgern, Weinen, Beten mit Bildern und das Politische Nachtgebet. Auch das Thema „Anbetung“ erscheint nicht als solches im Inhaltsverzeichnis. Im kirchengeschichtlichen Überblick von Wolfgang Vogl wird eucharistische Anbetung nur in einer summarischen Aufzählung als spätmittelalterliche Gebetsform genannt, die in der Barockzeit weitergeführt worden ist.[16] Allein die Benediktinerin vom heiligsten Sakrament, Mirijam Schaeidt, widmet ihm einen Abschnitt.[17] Gleichzeitig gibt es in den letzten Jahren zwar eine ganze Reihe von Praxishandbüchern mit vielen Vorschlägen zur Gestaltung, die Hinweise zur theologischen Verortung sind aber meistens sehr kurz gefasst[18]. Parallel dazu existieren einige inspirierende theologische Überlegungen zu Eucharistie und eucharistischer Anbetung, die aber sprachlich und teilweise vom Umfang her einem kleinen Kreis von Lesern und Leserinnen vorbehalten sind.[19]

Noch etwas anderes fällt auf: Viele christliche Kirchen und Gemeinschaften kommen ohne eine Verehrung der Eucharistie außerhalb der Messe aus. In der Orthodoxie gibt es zwar die Liturgie der vorgeweihten Gaben, wodurch die Überzeugung zum Ausdruck kommt, dass die Gegenwart Jesu Christi auch nach der Feier fortdauert. Das „Schauen“ wird aber den Ikonen geschenkt, und es gibt kein Äquivalent zur Verehrung der Eucharistie außerhalb der Messe. In den protestantischen Kirchen und kirchlichen Gemeinschaften wird die eucharistische Präsenz unterschiedlich verstanden, und eine Verehrung außerhalb der Abendmahlfeier wird im Normalfall zumindest nicht für sinnvoll gesehen, wenn nicht überhaupt abgelehnt. Nur in der römisch-katholischen Kirche und in der anglikanischen Hochkirche gibt es diese Weise des Betens. Ist sie wirklich sinnvoll oder war es doch ein Irr- und Umweg der spiritualitätsgeschichtlichen Entwicklung, verbunden mit der Gefahr von magischen Einstellungen?

Von der römisch-katholischen Kirche aber wurde und wird die Verehrung Jesu Christi in der Gestalt der konsekrierten Hostie – denn im Normalfall dreht es sich nur um sie, da die Aufbewahrung des konsekrierten Weines schwieriger ist und das „Schauen“ wegfällt – auch außerhalb der Eucharistiefeier empfohlen und den Gläubigen ans Herz gelegt. Dazu nur einige wenige Beispiele aus päpstlichen Schreiben und Ansprachen der jüngeren Zeit:

In seiner Enzyklika *Ecclesia de Eucharistia* aus dem Jahr 2003[20] fordert Papst Johannes Paul II. nachdrücklich zur Praxis der Verehrung der Eucharistie außerhalb der Messe auf:

> „*Der Kult, welcher der Eucharistie außerhalb der Messe erwiesen wird*, hat einen unschätzbaren Wert im Leben der Kirche. Dieser Kult ist eng mit der Feier des eucharistischen Opfers verbunden. Die Gegenwart Christi unter den heiligen Gestalten, die nach der Messe aufbewahrt werden – eine Gegenwart, die so lange andauert, wie die Gestalten von Brot und Wein Bestand haben[21], kommt von der Feier des Opfers her und bereitet auf die sakramentale und die geistliche Kommunion vor[22]. Es obliegt den Hirten, zur Pflege des eucharistischen Kultes zu ermutigen, auch durch ihr persönliches Zeugnis, insbesondere zur Aussetzung des Allerheiligsten sowie zum anbetenden Verweilen vor Christus, der unter den eucharistischen Gestalten gegenwärtig ist[23].
>
> Es ist schön, bei ihm zu verweilen und wie der Lieblingsjünger, der sich an seine Brust lehnte (vgl. Joh 13,25), von der unendlichen Liebe seines Herzens berührt zu werden. Wenn sich das Christentum in unserer Zeit vor allem durch die ‚Kunst des Gebetes‘[24] auszeichnen soll, wie könnte man dann nicht ein erneuertes

Verlangen spüren, lange im geistlichen Zwiegespräch, in stiller Anbetung, in einer Haltung der Liebe bei Christus zu verweilen, der im Allerheiligsten gegenwärtig ist? … Von dieser Praxis, die das Lehramt wiederholt gelobt und empfohlen hat[25], geben uns zahlreiche Heilige ein Beispiel. … Die Eucharistie ist ein unermesslicher Schatz: Nicht nur ihre Feier, sondern auch das Verweilen vor ihr außerhalb der Messe gestattet uns, aus der Quelle der Gnade zu schöpfen" (Nr. 25).

Zum Jahr der Eucharistie (Oktober 2004 bis Oktober 2005) lud Papst Johannes Paul II. im Schreiben *Mane nobiscum Domine* zu einer wahrhaft „eucharistischen Spiritualität" (Nr. 10) ein und hält fest:

> „Wenn die Frucht dieses Jahres auch nur in der Verlebendigung der *Feier der Sonntagsmesse* und in der Förderung der *eucharistischen Anbetung außerhalb der heiligen Messe* in allen christlichen Gemeinschaften bestünde, hätte dieses Gnadenjahr ein bedeutsames Ergebnis erreicht" (Nr. 29).

Auch im nachsynodalen Schreiben *Sacramentum Caritatis* von Papst Benedikt XVI. aus dem Jahr 2007 findet sich ein Abschnitt über die Verehrung der Eucharistie außerhalb der Messe. Er hebt die Einheit zwischen liturgischer Feier und Anbetung hervor. Gleichzeitig werden die sozialen Implikationen der eucharistischen Verehrung für ein „eucharistisch" geprägtes Leben angesprochen:

> „Der Akt der Anbetung außerhalb der heiligen Messe verlängert und intensiviert, was in der liturgischen Feier selbst getan wurde: ‚Nur im Anbeten kann tiefes und wahres Empfangen reifen. Und gerade in diesem persönlichsten Akt der Begegnung mit dem Herrn reift dann

auch die soziale Sendung, die in der Eucharistie enthalten ist und nicht nur die Grenze zwischen dem Herrn und uns, sondern vor allem auch die Grenzen aufreißen will, die uns voneinander trennen'"[26] (Nr. 66).

Bei seinem Besuch in Altötting 2006 wandte sich Papst Benedikt XVI. an Ordensangehörige und Priester mit folgenden Worten, in denen mehr der Aspekt persönlichen vertrauensvollen Gebetes angesprochen wird:

„Ich darf [...] ein schönes Wort von Edith Stein, der heiligen Mitpatronin Europas, zitieren, die in einem Brief geschrieben hat: ‚Der Herr ist im Tabernakel gegenwärtig mit Gottheit und Menschheit. Er ist da, nicht seinetwegen, sondern unseretwegen: weil es seine Freude ist, bei den Menschen zu sein. Und weil er weiß, dass wir, wie wir nun einmal sind, seine persönliche Nähe brauchen. Die Konsequenz ist für jeden natürlich Denkenden und Fühlenden, dass er sich hingezogen fühlt und dort ist, sooft und solange er darf' (Gesammelte Werke VII, 136f). Lieben wir es, beim Herrn zu sein. Da können wir alles mit ihm bereden. Unsere Fragen, unsere Sorgen, unsere Ängste, unsere Freuden, unsere Dankbarkeit, unsere Enttäuschungen, unsere Bitten und Hoffnungen. Da können wir es ihm auch immer wieder sagen: Herr, sende Arbeiter in deine Ernte. Hilf mir, ein guter Arbeiter in deinem Weinberg zu sein."[27]

Auch für Papst Franziskus zählt die (eucharistische) Anbetung zu den großen Schätzen der römisch-katholischen Kirche. Er sieht in ihr unter anderem eine wichtige Motivationsquelle für das christliche Engagement und warnt – mit Berufung auf Papst Johannes Paul II. – vor einer privatistischen Spiritualität. In *Evangelii gaudium* (2013)[28] schreibt er:

„Vom Gesichtspunkt der Evangelisierung aus nützen weder mystische Angebote ohne ein starkes soziales und missionarisches Engagement noch soziales oder pastorales Reden und Handeln ohne eine Spiritualität, die das Herz verwandelt. Diese aufspaltenden Teilangebote erreichen nur kleine Gruppen und haben keine weitreichende Durchschlagskraft, da sie das Evangelium verstümmeln. Immer ist es notwendig, einen inneren Raum zu pflegen, der dem Engagement und der Tätigkeit einen christlichen Sinn verleiht (vgl. *Propositio*, 36). Ohne längere Zeiten der Anbetung, der betenden Begegnung mit dem Wort Gottes, des aufrichtigen Gesprächs mit dem Herrn verlieren die Aufgaben leicht ihren Sinn, werden wir vor Müdigkeit und Schwierigkeiten schwächer und erlischt der Eifer. Die Kirche braucht dringend die Lunge des Gebets, und ich freue mich sehr, dass in allen kirchlichen Einrichtungen die Gebetsgruppen, die Gruppen des Fürbittgebets und der betenden Schriftlesung sowie die ewige eucharistische Anbetung mehr werden. Zugleich ‚gilt [es], die Versuchung einer intimistischen und individualistischen Spiritualität zurückzuweisen, die sich nicht nur mit den Forderungen der Liebe, sondern auch mit der Logik der Inkarnation […] schwer in Einklang bringe ließe' (Johannes Paul II., Apostolisches Schreiben *Novo Millennio ineunte,* Nr. 52). Es besteht die Gefahr, dass einige Zeiten des Gebets zur Ausrede werden, sein Leben nicht der Mission zu widmen, denn die Privatisierung des Lebensstils kann die Christen dazu führen, zu einer falschen Spiritualität Zuflucht zu nehmen" (EG 262).

So bleibt am Ende ein zwiespältiger Eindruck zurück: Zum einen sind da die Empfehlungen des kirchlichen Lehramts und die neue Blütezeit in geistlichen Bewegungen und Gemeinschaften, zum anderen sind da vielerorts „Leerstellen" im pfarrlichen Alltag. Auch ökumenische Rücksichten mögen hie und da zur Zurückhaltung mahnen. Die theologische Reflexion wird manchmal rasch übersprungen, um gleich zur schon gewohnten Praxis überzugehen.

WAS DIESES BUCH (NICHT) WILL

Dieses Buch will keine Modelle für die Gestaltung eucharistischer Anbetungsstunden anbieten. Hierzu gibt es eine Reihe von Werkbüchern, und auch einige Diözesen haben Handreichungen herausgegeben. In ihnen finden sich auch hinreichend die liturgischen Vorschriften wiedergegeben. Meine Überlegungen fußen zwar auf theologischen Einsichten, wollen und können aber keine – notwendig verkürzt bleibende – umfassende Theologie der Eucharistie und der mit ihr verbundenen Verehrung außerhalb der Messe sein. Ich strebe auch keine erschöpfende Darstellung der Weisen der Verehrung der Eucharistie an. Deshalb wird das Fest Fronleichnam kein eigenes Thema sein und es wird nicht um Sakramentsprozessionen oder eucharistische Kongresse gehen. Was aber dann?

- Es ist mir ein Anliegen, die theologischen Grundlagen in Erinnerung zu rufen, auf denen alleine so etwas wie eucharistische Anbetung möglich ist. Meine Überzeugung ist, dass diese so auch neu an Profil gewinnen kann. Dabei möchte ich versuchen, die komplexen theologischen Zusammenhänge für ein breiteres Publikum zugänglich zu machen.
- Der Fokus ist das verweilende Gebet des Einzelnen vor der Eucharistie. Dabei spielt die so genannte „Aussetzung", also die „Ausstellung" der konsekrierten Hostie in der Monstranz oder einem anderen Schaugefäß, dann eine Rolle, wenn es um die Anschaulichkeit geht. Was die inne-

re Qualität angeht, sehe ich das Gebet vor dem geschlossenen Tabernakel ihm gleich.

- Eucharistie ist Sakrament der Kirche und darauf ausgerichtet, Kirche aufzubauen. Diese Offenheit auf Gemeinschaft hin soll auch das Gebet des Einzelnen vor Jesus in der Eucharistie prägen.
- Wie schon damals in meiner theologischen Diplomarbeit mit Karl Rahner angemerkt, kann es beim Gebet vor den eucharistischen Gestalten nicht (nur) um eine „unverbindliche Unterhaltung mit dem audienzgewährenden Herrn" gehen.[29] Vielmehr hat dieses Gebet, wie ich zeigen möchte, seine eigene, spezifische Dynamik. Freilich möchte ich damit niemanden gering achten, der oder die einfach gerne vor dem Tabernakel sitzt und das Herz ausschüttet. Aber, so habe ich damals geschrieben: Es wird „die Grundintention des Beters sein müssen, sich auf das Mysterium der Eucharistie einzulassen; ist er dazu nicht bereit, wird eucharistische Anbetung zur Farce. … Zumindest punktuell sollte er sich … wieder bewusst werden, dass er vor dem eucharistischen Herrn betet und dass es Ziel seines Gebetes ist, tiefer in das Mysterium der Eucharistie einzudringen und auch sein Leben davon durchwirken zu lassen."[30]
- Genau dazu will das Buch – in geistlicher Verbundenheit mit den Anregungen des heiligen Alfons zur eucharistischen Anbetung – einige Anregungen geben. Sie sind in erster Linie für die persönliche Meditation gedacht, können aber auch als Impulstexte für gemeinsame Zeiten des Gebetes dienen.

DER KIRCHENGESCHICHTLICHE BLICK: WIE ES ZUR EUCHARISTIE-VEREHRUNG AUSSERHALB DER MESSE KAM

Am Anfang muss eine nüchterne Feststellung stehen: Mehr als 1000 Jahre kam die Kirche ohne ausdrückliche Verehrung der Eucharistie außerhalb der Messe aus. Mehr als 1000 Jahre ohne Tabernakel und Monstranz. Mehr als 1000 Jahre ohne Kniebeuge vor dem „Allerheiligsten" und ohne „ewiges Licht" vor dem Sakramentshäuschen (dem Tabernakel). Mehr als 1000 Jahre ohne Fronleichnamsfest und eucharistische Anbetung. Vielleicht erschrecken die einen über diese Fakten und können sich das gar nicht vorstellen. Aber es ist so, dass vieles, was heute in der (römisch-)katholischen Kirche selbstverständlich, ja identitätsbildend ist, über lange Zeit ganz anders war. Vielleicht sagen andere: Da sieht man es ja, das braucht es nicht, das ist unnötig, kehren wir doch zurück zu den Anfängen!

Einige Streiflichter aus der Geschichte[31] sollen zunächst die „Geburt" und das Wachsen und Werden der eucharistischen Anbetung erhellen. Der Blick soll dabei auf einige Motive und Ereignisse fallen, die zur Ausbildung der Verehrung der Eucharistie außerhalb der Messe beigetragen haben. Es sind viele Faktoren, die daran mitgewirkt haben. Und auch wenn sich Ausdrucksgestalten von Frömmigkeit und Glauben ändern können und müssen, wirken manche Grundeinsichten fort und suchen sich immer neu einen Weg. Andere geraten in Vergessenheit und haben doch eine wichtige Botschaft. Deshalb wird am Ende zu fragen sein, was wir aus der Geschichte lernen können.

EIN STREIT UM DAS RECHTE VERSTÄNDNIS DER KONSEKRATION

Bereits im 9. Jahrhundert kam es zum so genannten ersten Abendmahlsstreit oder der „karolingischen Eucharistiekontroverse"[32]. Holzschnittartig gesagt ging es dabei um die Frage, ob die Kategorie des „Bildes", die das antike Denken beherrscht hat, (noch) geeignet war, um die Gegenwart Jesu Christi im konsekrierten Brot und Wein auszudrücken. Beide Parteien, verbunden mit den Namen der Mönche Paschasius Radbertus (ca. 790–859) und Rathramnus († 870), waren sich darin einig, dass sich die Konsekration durch das Sprechen der Wandlungsworte und durch den Heiligen Geist ereignet. Sie gingen jedoch unterschiedliche Wege, um die eucharistische Gegenwart zu verstehen. Gemäß einigen Theologen[33] sah sich Rathramnus noch dem älteren Bildverständnis verbunden, welches das Bild nicht nur als einen bloßen Hinweis verstand, sondern als partizipierend am Ur-Bild. Deshalb verstand er das Sakrament der Eucharistie als „Bild" des realen Herrenleibes des erhöhten Christus und meinte damit eine *wirkliche* Gegenwart Christi! Bei Radbertus wird ein neues Denken sichtbar. Bild („figura") und Wirklichkeit waren für ihn ein Gegensatzpaar. Das Bild verstand er nicht als Wirklichkeit, sondern bestenfalls als Hinweis, als äußerlich bleibendes Zeichen. Obwohl es zu seiner Zeit nicht unbedingt danach aussah, hat sich die Auffassung des Radbertus theologiegeschichtlich gesehen durchgesetzt[34], so dass die Kategorie des Bildes nach und nach nicht mehr als angemessen für die eucharistische Präsenz Jesu Christi gesehen wurde. Kein Bild, sondern Wirklichkeit, hieß die neue Einsicht im Sprachgewand einer neuen Zeit.

Das Aufkommen von Formen eucharistischer Verehrung wurde dann besonders durch den zweiten Abendmahlsstreit begünstigt (nicht hervorgerufen). Er wurde durch Berengar von Tours († 1088) ausgelöst. Auch hier ging es um die Frage nach der „wirklichen" Gegenwart Christi in den Gestalten der Eucharistie, auch hier ging es um die Frage nach „Bild", „Sakrament" und „Wirklichkeit". Das alte Bilddenken wurde noch weniger verstanden als zu Zeiten von Radbert und Rathramnus, und so wurde Berengar, der sich auf Rathramnus berief, verurteilt. Die Auseinandersetzungen waren geprägt von einer zunehmenden Konzentration auf die Frage nach der „leiblichen Gegenwart" (somatischen Realpräsenz) Jesu in den eucharistischen Gestalten. Sie mündeten schließlich ein in die auf dem Vierten Laterankonzil 1215 übernommene Rede von der „Transsubstantiation", der „Wesensverwandlung" (DH 802). Von diesem Begriff wird später noch die Rede sein. Insgesamt änderte sich durch diesen Streit die „Stimmung" – bis hinunter ins Volk. Das Interesse am Gottesdienst konzentrierte sich nun fast nur mehr auf den Augenblick der „Wandlung" und dessen „Ergebnis", die reale Gegenwart Jesu Christi unter den Gestalten von Brot und Wein. Es sollte nicht mehr lange dauern, bis das konsekrierte Brot, der Leib Christi, auch ohne den Zusammenhang von Messe und Kommunion Bedeutung bekam.

NEUE AUSDRUCKSFORMEN DER VEREHRUNG – UND MANCHMAL AUCH: VERZERRUNG

Die Aufmerksamkeit, die sich nicht mehr in erster Linie auf die Messfeier als Ganzes richtete, sondern auf den Leib und das Blut Christi in den Gestalten von Brot und Wein, brachte nach und nach verschiedene, heute zum Teil „selbstverständliche" Formen der Verehrung der Gegenwart Christi in der Eucharistie hervor. Zu nennen sind die Kniebeuge des Zelebranten nach den Wandlungsworten, das Läuten der Glocken als Zeichen für den nahenden Höhepunkt und vor allem das Hochheben der Hostie und später auch des Kelches nach den Konsekrationsworten, durch das der Raum der Anbetung markiert wurde. Vor allem diese „Elevation" [Erheben] ebnet den Weg zur späteren „Aussetzung" in der Monstranz, die so etwas wie eine über die Messe hinaus verlängerte Elevation ist. Peter Browe schreibt:

> „Ohne Übertreibung kann man sagen, dass [der Ritus, die konsekrierte Hostie hochzuhalten und zu zeigen] der Ausgangspunkt der eucharistischen Frömmigkeit der folgenden Zeiten geworden ist, und dass mit ihm ein ungeahnter Aufschwung des eucharistischen Glaubens und Aberglaubens begonnen hat. … von Anfang an war die Elevation die eindringliche liturgische Geste, die darauf hinwies, dass das Brot wahrhaft und wirklich in den Leib des Herrn gewandelt ist und angebetet werden soll. Sie war Aufforderung zur Anbetung."[35]

Interessant ist, dass die Hochhebung der Hostie nicht unumstritten war, sondern zum Teil durch bischöfliche Erlässe sogar eingeschränkt und vor allem in ihrer Dauer begrenzt wurde. Die langsame Einführung der Elevation setzte am Beginn des 12. Jahrhunderts ein. Vorher war es ganz und gar nicht selbstverständlich, den Leib Christi (auf die Hostie konzentrierte sich das Interesse in erster Linie) *unverhüllt* zu sehen. Im Gegenteil: In den Jahrhunderten zuvor hat man sich geradezu davor gescheut, die Hostie *zu viel* den Blicken auszusetzen. Man empfand das als schamlos und des Geheimnisses nicht würdig. Deshalb wurden die eucharistischen Gestalten meist verhüllt, z.B. mit einem großen Tuch. Auch zu den

Sterbenden wurde das Sakrament in einem verhüllten Speisekelch getragen. Nun aber schlug das Bedürfnis um: Man wollte und sollte *sehen*! Das hat zum einen mit dem zu tun, was man allgemein „gotische Schaufreude" nennt. Zum anderen hat es die Kirche auch gefördert, um den Gläubigen den rechten Zeitpunkt der Verehrung von Leib und Blut Christi anzuzeigen. Man wollte damit verhindern, dass die Gläubigen „zu früh" anbeten, wenn die Wandlung noch nicht vollzogen ist. Die Worte des Priesters konnten ja nicht verstanden werden. Damit die Gläubigen gut sehen konnten, griff man zu „Wandlungskerzen" oder spannte dunkle Tücher, auf denen sich die weiße Hostie besser abheben sollte.[36]

Dabei kam es auch zu Auswüchsen in der Verehrung – und mitunter zu Verzerrungen und sogar zu magischen Vorstellungen und Praktiken. So wollten viele Fromme das Altarsakrament möglichst oft schauen. Anstatt einen Gottesdienst ganz mitzufeiern, gingen sie von Messe zu Messe, von Altar zu Altar, um den Augenblick der Elevation zu erhaschen und dadurch möglichst viel Gnade zu „erwerben". Andere wiederum begnügten sich damit, kurz zum Zeitpunkt der Wandlung (der durch die Kirchenglocken auch nach außen hin angezeigt wurde) in die Kirche zu gehen, und erachteten ihre Christenpflicht dadurch erfüllt. Denn die Hochhebung der Hostie (die des Kelches war nicht so wichtig, weil man das Blut Christi dabei doch nicht sehen konnte) entwickelte sich immer mehr zum Mittelpunkt der Volksfrömmigkeit. Auch manche Priester förderten dies, indem sie die Hostie sehr lange oder sehr oft hochhoben. Konsekration und Elevation wurden so in den Augen der Gläubigen zum wertvollsten Augenblick des Gottesdienstes, so sehr, dass sie auch alleine stehen konnten. Es wurde für das eigene Seelenheil wichtig, den Leib des Herrn zu *schauen*. Die Eucharistie wurde immer weniger als Speise gesehen, sondern als Gegenstand der Verehrung und Anbetung.[37] Der Kommunionempfang ging noch mehr zurück, als es ohnehin schon der Fall war. Die Vorschrift des Vierten Laterankonzils 1215, dass die Gläubigen wenigstens einmal im Jahr die Kommunion empfangen sollen, ist deshalb als Ermutigung, nicht als Einschränkung zu deuten. Auch auf der Ebene der Diözesen gab es eine ganze Reihe von Verlautbarungen, die zum Kommunionempfang (verbunden mit dem Sakrament der Buße) wenigstens einige Male im Jahr aufriefen.

Aus dieser Zeit findet man auch Wunderberichte über blutende Hostien oder über Hostien, die sich in Fleisch verwandeln. Es wird erzählt, dass plötzlich am Altar das Jesuskind statt der Hostie sichtbar wurde. Viele Menschen suchten diese Wunder, in denen man den Glauben an die reale (hier sehr drastisch vorgestellte) Gegenwart Jesu Christi, an sein Fleisch und Blut (Joh 6,52–56) eindrucksvoll bestätigt sah. Wallfahrtsstätten entstanden und bestehen zum Teil bis heute[38]. Der Glaube an die machtvolle Präsenz Jesu in der Gestalt des Brotes führte jedoch auch zu mannigfaltigem Missbrauch: Konsekrierte Hostien wurden z. B. dem Vieh gegeben, um dessen Wohlergehen zu garantieren. Schaden sollte abgewendet oder sogar anderen zugefügt werden. Frauen nahmen Hostien heimlich mit, um sie in einen Liebestrank für ihre Männer zu mischen. Peter Browe führt noch viele andere Beispiele auf, die beim Lesen erschauern lassen. Der Angst vor solch einem frevelhaften Umgang mit der Eucharistie sind manche Bestimmungen über einen selteneren Kommunionempfang geschuldet. Nicht zuletzt wurde die Eucharistie auch verwendet, um Delinquenten auf die Probe zu stellen und so ihre Schuld bzw. Unschuld zu erweisen. An diesen Beispielen wird deutlich: Kirchengeschichte, Frömmigkeitsgeschichte – sie ist spannend und manchmal zugleich erschreckend!

ÜBER DIE MESSFEIER HINAUS ...

Die letzten Beispiele zeigen auch noch in ihrer Verzerrung des Ursprünglichen, wie stark der Glaube an die Gegenwart Jesu in den konsekrierten Gestalten auch über die Messfeier hinaus reichte. Und dieser Glaube war keineswegs neu. Die alte Praxis der Kommunion für die Sterbenden ist eine frühe Zeugin dafür. Allerdings wurden nur sehr wenige Stücke für dieses so genannte „Viatikum" (Wegzehrung) aufbewahrt, zum Beispiel in der Sakristei oder in der Sakramentstaube über dem Altar. Ansonsten bemühte man sich über Jahrhunderte hinweg, nicht zu viel von den Opfergaben, die die Gläubigen in die Eucharistiefeier mitbrachten, zu konsekrieren, damit nach der Liturgie nichts übrig bleibt. Den nicht konsekrierten Rest gab man oft nach dem Gottesdienst an die Leute. Die byzantinische Liturgie kennt bis heute das *Antidoron*, ein gesegnetes Brot, das nach der Liturgie ausgeteilt wird. Bis ins 11. Jahrhundert hinein oblag es hauptsächlich dem Klerus, die zu viel konsekrierten Hostien zu konsumieren, ganz so wie es bis heute mit dem Wein geschieht[39]. Erst dann kam der Brauch auf, die übrig gebliebenen konsekrierten Hostien aufzuheben und in einer späteren Messe auszuteilen oder den Gläubigen auch außerhalb der Messe zu reichen. Davor hatte man sich bis dahin gescheut.

Dafür aber mussten geeignete Aufbewahrungsorte geschaffen werden, die sicher genug waren, um gegen eine Schändung oder einen Diebstahl vorzubeugen. Das war sozusagen die Geburtsstunde des Tabernakels, wie wir ihn kennen. Für ihn wurden nach und nach verschiedene Vorschriften zu seiner Beschaffenheit erlassen und schließlich auch die des ständig brennenden Lichtes[40]. Aber: ein eigener Gebetsort war der Tabernakel zunächst noch nicht, höchstens dort, wo die Eucharistie z.B. durch ein Fenster ständig sichtbar war, wie es im letzten Drittel des 14. Jahrhunderts an manchen

Orten Brauch war. Erst im 15. Jahrhundert wurde das Gebet vor dem verschlossenen Tabernakel empfohlen.[41] Vorher galt der Besuch in den Kirchen in erster Linie dem Altar oder den Gräbern bzw. den Reliquien der Heiligen.[42] Es hat wohl mit der sinnlichen Veranlagung des Menschen zu tun, dass er nach bestimmten Orten sucht, um seiner Verehrung oder auch seiner Not Ausdruck zu geben. So „besuchten" die Menschen zunächst den Altar als Sinnbild Christi und „grüßten" ihn dort. In späterer Zeit galt der „Besuch" dann Christus im Sakrament der Eucharistie, die auf oder über dem Altar aufbewahrt wurde. Der Brauch der „Besuchung des Allerheiligsten" (*Visitatio Sanctissimi)* wurde besonders in den Klöstern gefördert, ergriff aber nach und nach auch die anderen Gläubigen.[43]

APROPOS HEILIGE …

Hier muss man noch auf eine andere Querverbindung hinweisen: die Reliquien der Heiligen. Das „Schauverlangen" der Menschen im Mittelalter galt zunächst und zuerst ihnen als den Überresten von wirkmächtigen Zeugen und Zeuginnen des Glaubens. Man setzte sie in Schaugefäße aus edlem Material ein, aus denen sich später die Monstranzen für die Eucharistie entwickelten. Manchmal wurden in einer Übergangszeit diese Schaugefäße abwechselnd für Reliquien und für das eucharistische Brot verwendet oder Reliquiare wurden zu Monstranzen umgearbeitet. Anfangs war die heute gängige Praxis des Segens mit der Monstranz bzw. besser gesagt mit der konsekrierten Hostie gar nicht selbstverständlich. Erst nach und nach setzte sie sich durch. Die Gläubigen in früherer Zeit wurden mit den Reliquien der Heiligen gesegnet. Auch gab es Prozessionen mit Reliquien, bevor die Prozession zu Fronleichnam mit der Monstranz entstand. Reliquien waren *das* kostbare Gut des Mittelalters, um das sogar Kriege geführt wurden. Mit der aufkommenden Konzentration auf die leibliche Gegenwart Jesu im Sakrament trat nun ein noch Mächtigerer, der Gottessohn selbst, auf. So ist es nicht verwunderlich, dass der Leib Christi im Bewusstsein der Gläubigen die Reliquien weit übertraf und einen immer größeren Platz in der Frömmigkeit einnahm, im Schauen und im Segnen.

EINE VISIONÄRIN UND EIN FEST – UND PROZESSIONEN UND SEGEN

Eine weitere Quelle, die die Verehrung der Eucharistie bis heute speist, ist die Einführung des Fronleichnamsfestes. „Fronleichnam", *vrône lîcham*, des Herren Leib – das ist eine wörtliche Übersetzung des lateinischen *corpus Domini*, Herrenleib. Das Fest geht zurück auf Juliana von Lüttich († 1258). In einer Vision sah sie die hell erleuchtete Mondscheibe mit einer dunklen Stelle. Christus offenbarte ihr, dass der Mond die Kirche darstellt und dass in ihr noch ein Fest fehle, das mehr noch als der Gründonnerstag der Eucharistie gewidmet ist. Auf diese Eingebung hin begann man zunächst örtlich, dieses Fest, eben das Fronleichnamsfest, zu feiern. 1264 wurde es dann von Papst Urban IV., der aus Lüttich stammte, für die Gesamtkirche eingeführt. Auch dieses Fest steht in Verbindung mit dem Kampf gegen als falsch erachtete Auffassungen über die Art der Gegenwart Jesu Christi in der Eucharistie und sollte den Glauben an die Transsubstantiation, die Wesensverwandlung, festigen. Es dauerte aber noch einige Zeit, bis es sich wirklich flächendeckend durchsetzte. Vom Konzil von Trient wurde es dann 1551 feierlich bestätigt – in Abgrenzung zu den Auffassungen Martin Luthers, der die Feier von Fronleichnam mit dem damit verbundenen Brauchtum völlig ablehnte.

Denn als fester Bestandteil des Fronleichnamsfestes entwickelte sich eine Prozession, bei der man wie heute in einer

Monstranz „das Allerheiligste“ mittrug – und beim anschließenden Hochamt auf dem Altar beließ. Die Messe vor dem ausgesetzten Allerheiligsten wurde dann auch abseits des Fronleichnamsfestes ein jahrhundertelang gepflegter Brauch, bevor sie durch die Liturgiereform des Zweiten Vatikanischen Konzils untersagt wurde, da sie dem Sinn der Eucharistiefeier entgegensteht.

Auch die Praxis, mit der in der Monstranz sichtbaren konsekrierten Hostie den Segen zu geben, verbindet sich mit dem Fronleichnamsfest. Das war laut Peter Browe bis in das 14. Jahrhundert hinein unbekannt. Gesegnet wurde bis dahin vom Bischof mit der Hand. Priester segneten oft mit der Patene oder dem Kelch, auch mit dem Korporale (dem „Tischtuch“ der Messe). Oder der Segen wurde, wie schon gesagt, mit Reliquien gegeben. Nun aber wurden die Gläubigen mit dem in der Monstranz ruhenden eucharistischen Brot gesegnet. Von der Feier des Fronleichnamsfestes aus verbreitete sich dieser „neue“ Segen auch auf die anderen Gottesdienste. Ebenso trug man die konsekrierte Hostie nicht nur zu Fronleichnam, sondern auch bei anderen Prozessionen, etwa Flurprozessionen oder Bußgängen, mit. Von dorther wurde dann die Ausgestaltung der Fronleichnamsprozession wieder selbst beeinflusst.[44] Mit dem Glauben mischten sich hier so manch magische Vorstellungen und nicht selten mussten Bischöfe eingreifen, um Auswüchse abzustellen.

„SAKRAMENTSANDACHTEN“ UND ANDERE WEISEN DER VEREHRUNG

An einigen Orten begann man ungefähr im 14. Jahrhundert, so genannte „Donnerstagsmessen“ (vom Gründonnerstag her galt der Donnerstag als Tag der Eucharistie) zu feiern, bei denen die konsekrierte Hostie unverhüllt in einer Monstranz oder einem Gefäß aus Beryll, einem klaren Kristall, gezeigt wurde. Wohlgemerkt von Beginn der Messe an, also mit einer Hostie, die in einer anderen Messe konsekriert worden war. Das wäre für Altertum und frühes Mittelalter kaum denkbar gewesen! Verschiedene fromme Stiftungen unterstützten diese Messen. In Ordenskirchen wurden sie häufiger gehalten als dort, wo Diözesanpriester tätig waren. Manchen Orden warf man deswegen vor, sie würden damit gezielt Propaganda machen und mehr Leute anziehen wollen, auch um mehr Spenden zu bekommen. An manchen Orten wurde dieser Vorwurf wohl zu Recht gemacht. Bald begann man, die Verehrung der Eucharistie aus dem Kontext der Messfeier zu lösen: Im 15. Jahrhundert entstanden Nachmittags- und Abendandachten vor dem ausgesetzten Allerheiligsten, dem in der Monstranz ausgestellten Leib Christi. Früher waren diese Andachten auf den Gekreuzigten oder auf Maria ausgerichtet, nun verbanden sie sich mit der Verehrung der Eucharistie. Sie „bestanden darin, dass die konsekrierte Hostie verhüllt oder unverhüllt ausgesetzt und durch eucharistische Gebete und Gesänge öffentlich verehrt wurde“[45]. Es war damals in der Kirche nicht unumstritten, ob dies als positive Entwicklung zu sehen sei, vor allem, da das Allerheiligste vermehrt unverhüllt gezeigt wurde.

„Viele Bischöfe und Priester beklagten es, dass die Scheu vor dem Geheimnis, die Ehrfurcht vor dem Sakrament geschwunden sei, seit es so oft hüllenlos den Blicken gezeigt würde. Immer kehrte diese Klage in den Synoden wieder und gab einen der Hauptgründe für die Unterdrückung und Einschränkung ab. ‚Das Sakrament oft aussetzen‘, sagte die Synode von Schwerin 1492, ‚heißt nicht es ehren, sondern es der Geringschätzung preisgeben, weil es den Laien zu familiär wird.‘“[46]

Unglaubliche Worte aus heutiger Sicht! Aber vielleicht sollten sie uns auch zu denken geben. Ob wir nicht zu selbstverständlich mit dem Sakrament der Eucharistie umgehen und es so nicht nur den Laien, sondern auch Priestern „zu familiär“ wird?

In der weiteren Entwicklung werden die öffentlichen gemeinsamen Sakramentsandachten allgemein geübte Frömmigkeitsform. Allerorten wurden Bruderschaften ins Leben gerufen, die diese Weise der Frömmigkeit besonders pflegen und ihre Durchführung garantieren sollten.[47] Eine besondere Form trat mit dem so genannten „Vierzigstündigen Gebet“ auf, das bis heute in vielen Pfarrgemeinden bekannt ist. Seine Wurzeln liegen in Italien (etwa um 1530); es war wohl von Anfang an mit einer Aussetzung des Allerheiligsten verbunden.

Auch wenn manche Bischöfe und Päpste diese neuen Andachtsformen einschränken wollten und vor einer Alltäglichkeit warnten, ließen sie sich nicht mehr aufhalten. Besonders vom 17. Jahrhundert an wurde das Sakrament der Eucharistie in den feierlichen Messen und in vielen Andachten „ausgesetzt“. Noch dieser Begriff (lat. *expositio*) bringt eigentlich zum Ausdruck, wie sehr die eucharistischen Gestalten hier *den Blicken* der Gläubigen *ausgesetzt* sind – eine Tatsache, die früheren Generationen geradezu scham- und ehrfurchtslos vorkam.

Die Liturgiereform des Zweiten Vatikanischen Konzils hat die Messe vor dem ausgesetzten Allerheiligsten abgeschafft und wollte dem „Gesamtkunstwerk“ der Feier wieder den ihm angestammten Platz im Glaubensleben geben. Sie hat nachfolgend auch Regelungen für die Verehrung der Eucharistie außerhalb der Messe getroffen.[48]

AUS DER GESCHICHTE LERNEN

Wie die Frömmigkeitsgeschichte zeigt, war vor allem das Mittelalter eine Zeit großer Hinwendung zur Eucharistie, zu Leib und Blut Jesu Christi.[49] Der Glaube an die fortdauernde Gegenwart Christi in der Gestalt des Brotes (und des Weines) auch nach der Messe hat langsam (!) zur Entfaltung neuer Formen der Verehrung und Anbetung geführt.

> „Es brauchte sehr lange, fast 1300 Jahre, bis sich im Christentum eine explizite eucharistische Frömmigkeit außerhalb der Eucharistiefeier entwickelte. Dies war erst der Fall und konnte erst sein, nachdem sich der Schwerpunkt weg vom gemeinsamen Mahl der Gemeinde (Alte Kirche) hin zum vom Priester allein vollzogenen Opfer verlagert hatte … Was wir heute (noch) als genuine katholische Frömmigkeit kennen – und zunehmend vermissen, entstand erst zaghaft im hohen Mittelalter, hat sich mitunter äußerst langsam ausgebreitet und stabilisierte sich zum Teil erst in Reaktion auf kritische Infragestellungen, etwa der Reformation, also im Zuge einer katholischen Konfessionalisierung."[50]

Und heute? Können wir etwas von der Geschichte lernen? Zum einen sicher ganz allgemein dies, dass sich auch und gerade in der Frömmigkeitspraxis immer etwas geändert hat in der Kirche, oft gesellschaftlichen oder theologischen Entwicklungen geschuldet. Jede Zeit muss *ihre* Formen und Ausdrucksweisen finden und darf sich darin auch vom Heiligen Geist geleitet wissen. Überzeugungen ändern sich, andere Schwerpunkte zeigen sich. Gleichzeitig gilt das andere: Jede Zeit scheint auch ihre Auswüchse, Fehlentwicklungen und blinde Flecken zu haben. Ich möchte einige Erkenntnisse, zu denen mich die Auseinandersetzung mit der Geschichte führt, festhalten:

1. Wir dürfen dankbar sein, dass die Liturgiereform des Zweiten Vatikanischen Konzils uns zu den Quellen der Eucharistie*feier* und zu einer tätigen Teilnahme daran (*participatio actuosa;* vgl. SC 14; 48) geführt hat. Vielleicht

ist dies hie und da ausgeartet, und manchen Menschen fehlen die Feierlichkeit, die Innigkeit, das Geheimnisvolle, das Stille. Einige von ihnen suchen Zuflucht beim alten Ritus. Vom Lehramt der Kirche wurde er in seiner Gestalt von 1962 (also nach einer Reihe von Reformen) als „außerordentlicher Ritus“ auch wieder ermöglicht. Auch das Wiedererwachen der eucharistischen Anbetung (nicht selten in jugendlichen Kreisen) scheint mir ein Zeichen für diese Sehnsucht nach Innerlichkeit und Andacht zu sein. Neben der Monstranz spielen da Lichter, Weihrauch, Tücher, Farben, Stille, Lobpreis-Musik, … eine Rolle und sogar Bilder, die meine Generation, die mit der Umsetzung des Konzils aufgewachsen ist, meist als Kitsch empfindet. Atmosphäre ist wichtig. Das hat in der redemptoristischen Tradition etwa auch der heilige Klemens Maria Hofbauer gewusst, der sich im 18./19. Jahrhundert für eine feierliche Liturgie, die alle Sinne anspricht, starkgemacht hat. Wahrscheinlich braucht unsere heutige Art, Eucharistie zu feiern, zum einen mehr Stille und Feierlichkeit und zum anderen eine Art „Ergänzung“, die Vertiefung ermöglicht. Sie ist darauf mehr angewiesen als z. B. die ostkirchliche Liturgie, die von sich aus diese Elemente bietet. Hier sehe ich den Platz für meditative Formen der eucharistischen Verehrung.

2. Mehr als 1000 Jahre hat sich die Kirche gescheut, ihr tiefstes Geheimnis *unverhüllt* zu zeigen, „herumzutragen“, „auszusetzen“. Sie hat es vielmehr gehütet als ihren großen Schatz, der nicht einfach verfügbar gemacht und den Blicken ausgesetzt werden kann. Sie hat damit die Größe des Geheimnisses ausdrücken wollen. Ich finde, dass dies eine wichtige Stimme ist, die aus den ersten Jahrhunderten des Christentums (und aus den katholischen Ostkirchen!) auch zu uns römisch-katholischen Christen im 21.

Jahrhundert durchdringen sollte.[51] Wird es nicht bei uns auch manchmal zu „familiär", wie es im 15. Jahrhundert die Synode von Schwerin ausgedrückt hat? Zu selbstverständlich? Eucharistische Gegenwart verlangt nach einem staunenden, ehrfurchtsvollen Herzen, nicht nach einem eher „geschäftsmäßigen" und dinghaften Umgehen. Die alte Kirche hat das durch die ehrfurchtsvolle Verhüllung ausgedrückt. Es ist gut, wenn wir dem in der Messe und auch bei der eucharistischen Anbetung Ausdruck geben, auf jeden Fall durch einen bedächtigen, betenden „Umgang" mit den eucharistischen Gestalten. Es verbietet sich jede „Show". Vielleicht liegen hier auch meine Vorbehalte gegen eine „Aussetzung" vor Tausenden von Menschen.

3. Eucharistische Anbetung und andere Formen der Verehrung der Eucharistie sind aus dem Glauben an die reale Gegenwart Jesu Christi in den konsekrierten Gestalten von Brot und Wein erwachsen. Sie können auch heute Zeugnis für diesen Glauben sein, den die Theologie bis heute nicht aufgehört hat zu durchdringen. Und sie können diesen Glauben festigen und vertiefen. Die Geschichte zeigt aber auch, dass eine Einseitigkeit entstanden ist, so dass gefühlsmäßig Christus „nur mehr" in der Eucharistie als „wirklich" gegenwärtig gesehen wurde. Auch da hat das Zweite Vatikanische Konzil korrigierend eingegriffen und auf die vielfältigen Gegenwartsweisen Christi hingewiesen: neben den Sakramenten auch im Wort, in der Person des Priesters, im Gebet der versammelten Gläubigen und überhaupt „immerdar" (vgl. SC 7). Dass da noch manches einzuholen ist, zeigt sich u. a. daran, dass Wort-Gottes-Feiern ohne Kommunionempfang von vielen Gläubigen immer noch als „minderwertig" empfunden werden. So wird es u.a. notwendig sein, den entscheidenden Aspekten *eucharistischer* Gegenwart bei der Anbetung Raum zu

geben und das, was „sakramentale“ Gegenwart meint, zu vertiefen. Außerdem sollte jede Rede vermieden werden, die den Eindruck erweckt, dass Jesus „erst“ gegenwärtig ist, wenn die Eucharistie in der Monstranz ausgesetzt wird.

4. Der zeitlich und sachlich erste Zweck der Aufbewahrung der konsekrierten Hostien (und zuweilen auch des konsekrierten Weines) über die Eucharistiefeier hinaus war und ist keineswegs die Anbetung, sondern die „Wegzehrung“ für die Sterbenden und die Kommunion der Kranken. Das Sakrament ist eingesetzt, damit es verzehrt wird[52], nicht damit es verehrt wird. Die Verehrung ist kein Sinnziel der Konsekration, sondern (nur) eine Ausdrucksform des Glaubens an die Gegenwart Christi in Brot und Wein, die auf den Genuss hingeordnet bleibt. In der Anbetung begegnen wir dem Herrn immer als dem, der sich uns zur Speise anbietet[53] – und es ist gut, sich das bewusst zu machen.

5. Die Geschichte zeigt, dass viele Weisen eucharistischer Verehrung Ausdruck einer stärker individuell gewordenen Gläubigkeit sind. Das hat sich schließlich auch auf die Messfrömmigkeit ausgewirkt; sie ist zuweilen etwas recht Privates geworden. Die Liturgiekonstitution des Zweiten Vatikanischen Konzils weist entschieden darauf hin, dass „die liturgischen Handlungen nicht privater Natur, sondern Feiern der Kirche“ sind (SC 26) – und betont gleichzeitig, wie wichtig das persönliche Gebet der Gläubigen ist (SC 12). Auf welche „Seite“ gehört nun die eucharistische Anbetung? Ich meine, auf beide. Denn als von der Eucharistie herkommend, hat sie einerseits teil an der Gemeinschaftlichkeit, die der Liturgie der Messfeier zu eigen ist. Andererseits hat sie meist ein sehr persönliches Gepräge. Kirchliche Verkündigung, gestaltete Anbetungsstunden

werden hier auf eine gute Balance achten müssen! Und auch die persönlichste Art der Eucharistieverehrung bleibt eingebunden in den kirchlichen Kontext. Das zeigt sich alleine schon daran, dass die „Aussetzung“ normalerweise im Kirchenraum und in Gemeinschaft geschieht.

6. Geschichtlich gesehen haben sich zurückgehende Kommunionhäufigkeit und das Aufkommen der „neuen“ Form der „geistlichen Kommunion“ in der eucharistischen Anbetung oft gegenseitig bedingt. Heute sehe ich Gott sei Dank keine Konkurrenz mehr zwischen Feier der Eucharistie mit Empfang der Kommunion und eucharistischer Anbetung als „Augenkommunion“[54]. Der Schwerpunkt hat sich wieder auf den Empfang von Leib (und Blut) Christi verschoben. Das ist gut so. Aber die Häufigkeit alleine kann keine Tiefe hervorrufen. Eucharistische Anbetung als meditative „Verlängerung“ der Messfeier kann hier hilfreich sein, auch wenn diese Vertiefung natürlich nicht exklusiv durch sie geschieht.

7. Wir haben auch gesehen, dass sich offensichtlich magische Vorstellungen und Praktiken manchmal nicht vermeiden ließen. Sie waren so etwas wie die dunkle Seite der Überzeugung von der wirklichen Gegenwart Jesu Christi in den eucharistischen Gestalten. Der Grat scheint sogar bis heute schmal und verlangt nach einer sorgfältigen Theologie, Katechese und Verkündigung, auch wenn heute wohl niemand mehr konsekrierte Hostien in einen Liebestrank mischt. Aber schwingt nicht doch ein bisschen Automatismus mit, wenn die Pflege der eucharistischen Anbetung – vor allem als „ewige“ Anbetung, 24 Stunden am Tag – mit der Rettung der Welt, der Bekehrung der Menschen, der „Vermittlung von Gnaden“, dem Versprechen, dass jede

Stunde Anbetung die „Seele im Himmel schöner machen wird“[55] usw. in Verbindung gebracht wird? Freilich bin ich auch der Auffassung, dass uns das Gebet, eben auch das Gebet vor der Eucharistie, verwandeln wird, ja verwandeln muss. Ich glaube auch daran, dass durch mein Gebet ein Raum der Anbetung entsteht, der anderen zugutekommt. Aber nicht mit einem im Geheimen vielleicht doch erwarteten Automatismus, sondern indem es mich und andere stärkt, uns auf den *Weg* der Nachfolge Jesu einzulassen und – darauf werden wir später zurückkommen – „eucharistische Menschen“ zu werden, eine „eucharistische Lebenskultur“[56] zu pflegen, eben in die Haltung Jesu Christi, wie sie im Geschenk der Eucharistie unnachahmlich zur Darstellung kommt, immer mehr hineinzuwachsen[57].

THEOLOGISCHE VERANKERUNG: AUF WELCHEM BODEN DIE EUCHARISTISCHE ANBETUNG STEHT

„Eucharistische Anbetung“. Eigentlich eine Wortverbindung, die es in sich hat. In jenen katholischen Kreisen, in denen sie (noch) bekannt ist, geht sie rasch und problemlos über die Lippen, wird auf Einladungen gedruckt, im Internet gepostet, nicht selten illustriert mit einer Monstranz. Sie wird auch in Werkbüchern benutzt und fließt in Selbstdarstellungen von (Ordens-)Gemeinschaften ein. Aber es zahlt sich aus, einen Moment innezuhalten und der Spreng- und Aussagekraft dieser Bezeichnung nachzugehen.[58]

ANBETUNG

Anbetung und die ihr zugehörenden Ausdrucksformen wie Verbeugung, Niederknien usw. sind aus ziemlich allen Religionen bekannt. Sie bezieht sich auf unterschiedliche Erscheinungsformen göttlicher Wirklichkeit. Die großen Auseinandersetzungen des Alten Testaments haben hier ihren Ort: Israel soll eben allein seinen Gott JHWH anbeten und sich nicht von anderen Göttern, die in der Umwelt verehrt wurden, verführen lassen. Programmatisch steht dies am Beginn des „Zehnworts“, des Dekalogs, so ausgedrückt: „Du sollst neben mir keine anderen Götter haben. … Du sollst dich nicht vor ihnen niederwerfen und ihnen nicht dienen“ (Ex 20,3.5a; vgl.

Dtn 5,7.9a). Dazu muss man wissen, dass das im Hebräischen verwendete Wort für „Anbetung“ *hištahᵃwa* exakt dies heißt: sich huldigend niederwerfen. Das Neue Testament führt diese Linie weiter. Wenn der Versucher (z.B. Mt 4,9f par) oder das Tier aus der Offenbarung des Johannes (vgl. Offb 13,1–10) anbetende Verehrung fordern und für sich in Anspruch nehmen, dann bringt es Jesus in seiner Antwort an den Versucher mit dem Zitat aus dem Dekalog auf den Punkt: „Weg mit dir, Satan! Denn in der Schrift steht: Den Herrn, deinen Gott, sollst du anbeten und ihm allein dienen“ (Mt 4,10).

Der Glaube an die Gottessohnschaft Jesu und an seine Erhöhung führte zu der Überzeugung, dass auch Jesus Christus Anbetung gebührt: „Darum hat ihn Gott über alle erhöht und ihm den Namen verliehen, der größer ist als alle Namen, damit alle im Himmel, auf der Erde und unter der Erde ihre Knie beugen vor dem Namen Jesu und jeder Mund bekennt: Jesus Christus ist der Herr zur Ehre Gottes, des Vaters“ (Phil 2,9f). Franz-Georg Untergassmair gibt dabei ausgehend von diesem Text folgenden wichtigen Hinweis: „In Christus und mit ihm wird aber zugleich immer Gott selbst angebetet. … Diese theologische Zielrichtung hat im NT eine breite Basis (vgl. Lk 24; Offb 5) und verweist auf das für die Christologie der Folgezeit entscheidende Prinzip von der Verherrlichung Gottes durch Christus.“[59]

In den ersten Jahrhunderten, als es um den rechten Umgang mit Bildern ging, hat die Kirche am zweiten Konzil von Nicäa (787) eine bis heute gültige Orientierung vorgenommen: Heilige und Bilder können „verehrt“ werden, „Anbetung“ aber kommt allein Gott zu. Und zwar dem dreifaltigen Gott ebenso wie jeder der drei göttlichen Personen, Vater, Sohn und Heiliger Geist. Für unser Thema wichtig ist das Konzil von Trient, das in zwei Canones ausdrücklich die Anbetungswürdigkeit der Eucharistie unterstreicht – weil und insofern „Christus, der einziggeborene Gottessohn“ in ihr gegenwärtig ist (DH 1643; 1656f). Diese personale Dimension ist im Blick zu behalten, auch wenn das kirchliche Lehramt selbst immer wieder die Begriffe „*das* Altarsakrament", „*das* Allerheiligste", „*das* höchste Gut" für die konsekrierte Hostie, den Leib Christi verwendet. Und es scheint mir geraten, diese – althergebrachten – Ausdrücke mit etwas mehr Vorsicht zu verwenden, damit nicht der leiseste Verdacht einer letztlich götzendienerischen „Anbetung" eines Dinges aufkommen kann. Es geht um die Person Jesu Christi, das „Wort, das Fleisch geworden ist" (Joh 1,14), um Christus, der in der Eucharistie gegenwärtig ist, nicht um „etwas". Es geht um Begegnung mit Ihm, um das Schauen auf Ihn.

Um zu verstehen, was „Anbetung" in seiner Vielschichtigkeit bedeutet, hilft mir die Unterscheidung von Halt – Haltung – Verhalten – Verhältnissen, die Willi Lambert ins Spiel gebracht hat und die im Deutschen ein eingängiges Wortspiel ist.[60]

„*Halt*": Anbeten heißt anerkennen und bekennen, dass Gott der letzte Halt meines Lebens ist. Anbetung heißt Gott als Gott anerkennen. Sie ist Antwort auf den sich offenbarenden Gott.[61] Auf diesem Grund zeigt sich die Praxis eucharistischer Anbetung als dreifaches Bekenntnis:

- zu Jesus Christus als Gottes Sohn, dem in gleicher Weise wie Gott Vater Anbetung gebührt. Er ist das offenbare Bild des unsichtbaren Gottes, in dem alles Bestand und Halt hat (vgl. Kol 1,15).
- zu seiner Gegenwart unter den eucharistischen Gestalten.
- zu Jesus Christus als Halt meines Lebens.

Auf unserer Seite als Menschen zeigt Anbetung an, dass wir unsere Menschlichkeit voll und ganz bejahen und darum wissen, dass wir Halt brauchen. Sie ist ein Akt, eine Entscheidung des freien Menschen[62].

„*Haltung*": Die innere Dimension der Anbetung besteht in einer Haltung der aufrichtigen Anerkennung meiner Wirklichkeit und der Dankbarkeit für alles von Gott Empfangene. Ein Mensch, der aus der Anbetung Gottes lebt, weiß um den Geschenkcharakter des Lebens und um seine Grenzen als menschliches Wesen. Solche Haltung entlastet den Menschen und fordert zu Gelassenheit heraus. Denn in der Anbetung geht es „um ein zweckfreies Verlagern des Schwerpunktes vom eigenen Ich in das Geheimnis des lebendigen Gottes. Anbetung ist Übergabe der Welt an Gott (vgl. LG 34), Hingabe an den, der sich zuerst uns hingegeben hat“[63]. Die Fähigkeit, staunen zu können und sich überraschen zu lassen, zeichnet eine Haltung der Anbetung aus. Dazu zählen nicht nur „helle“ Stunden, sondern auch die Erfahrung des Dunklen, der Abwesenheit Gottes. Wer aus der Haltung der Anbetung lebt, wird der Versuchung widerstehen, sich das „Gefühl“ der Nähe Gottes je neu selbst verschaffen zu wollen, sondern hat auch den langen Atem, Gottes Ferne auszuhalten. Corona Bamberg schreibt:

> „Dazu muss man zunächst einen Gott bejahen, der sich nicht ‚zeigt‘, wie ein Phänomen sich zeigt. Der Gott des Glaubens tut sich vielmehr kund als der Verborgen-Daseiende. Er entzieht sich aller Erfahrung, die ihn einfangen will; er ist mehr als jeder Gedanke und jeder Name; er ist radikal verschieden von Welt und Mensch. Und dennoch ist er da. Als der gegenwärtig Wirkende lässt er sich begegnen, aber es braucht dazu das Ja zu seiner Unbegreiflichkeit, den anbetenden Glauben, dass er ‚mitten in unserem Leben jenseitig‘ ist (D. Bonhoeffer).“[64]

„*Verhalten*“: Nach außen hin zeigt sich die Haltung der Anbetung in ehrfurchtsvollen Gesten, Worten und auch im Lauschen und Schweigen, geübt als Einzelne und in Gemeinschaft. Auch Knien und Kniebeuge, Verneigung und Weihrauchspende sind solche Darstellungsweisen der Anbetung.

Dabei ist die Überlegung von Josef Weismayer bedenkenswert: „Das kann zu Ritualisierungen der Ausdrucksformen und damit zu Veräußerlichungen der Anbetung führen. Andererseits kann die äußere Form auch die Anbetung des Herzens erleichtern.“[65] Wahre Anbetung Gottes wird auch zu einem respektvollen Umgang mit seinen Geschöpfen – Menschen, Tieren, der Schöpfung überhaupt – führen. Und dazu, sich von diesem Gott in Dienst nehmen zu lassen. Ich will dann nicht bloß meine eigenen Ziele in der Welt verwirklichen, sondern lasse mich hineinnehmen in den Aufbau des Reiches Gottes und weiß mich als Diener, als Dienerin dieses Gottes und finde darin meine Freude und Ehre. Das bedeutet letztlich, wie Jesus transparent auf Gott hin zu leben. Dazu noch einmal Corona Bamberg:

> „Er [Jesus] handelt gemäß der Weisung, die er den Jüngern gibt: Lebt und tut so, dass die Menschen Werke sehen, auf die hin sie aber nicht euch loben, sondern den Vater anbeten, den sie nicht sehen können. Werdet transparent für Gott, so dass der Blick nicht mehr auf euch und eure Leistung fällt, sondern auf ihn allein – seid ‚gewordene Anbetung‘!“[66]

„*Verhältnisse*“: Die Haltung der Anbetung führt auch zu einer Änderung der Verhältnisse, d. h. der Gestaltung des eigenen Lebensrahmens bis hin zur Gestaltung von Räumlichkeiten. Bezogen auf den eucharistischen Kult: Kirchen und Kapellen können so gestaltet werden, dass sie von der Ehrfurcht Zeugnis geben und sie fördern. Dazu gehören Ordnung und Sauberkeit (etwa der liturgischen Geräte und der Hilfsmittel wie Altartücher etc.) ebenso wie eine ansprechende Gestaltung eines Gebetsortes oder einer Gebetsnische. Dazu gehört es aber genauso, die ungerechten „Verhältnisse“ der Welt nicht unreflektiert in den Raum des Heiligen mit hineinzubringen.

Was meine ich damit? Wissen wir, woher die Blumen kommen, mit denen wir schmücken? Woher kommt das Material der Kirchenausstattung und der liturgischen Geräte? Wie werden Menschen bezahlt, die in und für die Kirche arbeiten? Wir dürfen nicht mit dem Rücken zu den Hungernden und Armen Eucharistie feiern und Anbetungsstunden halten[67] (vgl. dazu 1 Kor 11,27). Aus der Anbetung heraus gilt es, auf unheilvolle Situationen in der kleinen und großen Welt zu reagieren und sich für eine gerechtere, liebevollere Welt einzusetzen. Anbetung darf nicht „weltlos" sein.

Die schon mehrfach zitierte Benediktinerin Corona Bamberg bringt noch zwei Gedanken ins Spiel, die mir auch für die eucharistische Anbetung wegweisend scheinen. Sie versteht erstens Anbetung als Prozess und zweitens als Prägefaktor der christlichen Existenz. Mit Anbetung als Prozess meint sie, dass Anbetung wie jedes Gebet seinen Ort und seine abgegrenzte Zeit hat, gleichzeitig aber wie ein „Duft und Geschmack" alles Beten durchzieht und als Haltung im Laufe eines vom Gebet geprägten Lebens wachsen und sich vertiefen kann. Anbetung wächst „durch viele Stadien zu ihrer Endgestalt"[68]. Als solcher Prozess verstanden befreit sie „den Menschen … von sich auf Gott hin und für Gott" und „wirkt sich prägend aus auf alles Verhalten"[69]. Corona Bamberg charakterisiert verschiedene Haltungen und Verhalten, die aus der Anbetung erwachsen. Dazu zählen Gelassenheit, und zwar als „kraftvolle Ruhe, die Dinge und Ereignisse auf sich herankommen zu lassen", auch die schmerzlichen, es zählen dazu Verfügbarkeit, Ehrfurcht und die Fähigkeit, alles Tun und Lassen auf den je größeren Gott hin transparent werden zu lassen.

Diese „Dezentrierung" des Menschen in der Anbetung hat auch eine eminent aktuelle Bedeutung: Sie reißt den Menschen aus der Konzentrierung auf sich selbst heraus und stellt ihn vor die Frage, wer wirklich sein Gott ist. Sie macht den Menschen darauf aufmerksam, dass er eben nicht im Zentrum von allem steht, sondern zum einen über sich hinaus – als Glaubende sagen wir: auf Gott hin – ausgerichtet ist und zum anderen ein Wesen unter anderen im „gemeinsamen Haus“ der Schöpfung (Papst Franziskus) ist. Das ist vielleicht ein Grund, dass der Jesuit Alfred Delp die Haltung der Anbetung noch über anderes Wichtiges stellt:

> „Brot ist wichtig, Freiheit ist wichtiger, am wichtigsten aber die ungebrochene Treue und die unverratene Anbetung.“[70]

Mit Corona Bamberg möchte ich dann auch auf den Aspekt des Schweigens hinweisen, der eine wesentliche Dimension von Anbetung ist. Raniero Cantalamessa streicht heraus, dass das Schweigen ein wirkungsvollerer Ausdruck der Anbetung ist als jedes Wort, und fährt fort:

> „Nach der wunderbaren Formulierung des hl. Gregor von Nazianz bedeutet anbeten: einen ‚Hymnus des Schweigens‘ zu Gott aufsteigen lassen.“[71]

Aus diesem Schweigen heraus bekommen das Wort, die Predigt, die Verkündigung Tiefe und öffnen eine Türe auf das Geheimnis Gottes hin, dem man sich in der Anbetung selbst aussetzt. Wo dies in der Verkündigung erfahren wird, merkt man, dass die Predigenden gelernt haben, „Gottes Schweigen auszuhalten, ihr Reden und Tun ist Dienst, der aus der Anbetung kommt und nicht aufhört, Anbetung zu sein“[72]. Zusammenfassend gilt für Corona Bamberg – und ich meine, dass dies auch heute, mehr als 40 Jahre später, Bedeutung hat:

> „Anbetung als isolierter Akt kann christliches Leben heute nicht mehr tragen. Es geht um Antwort und Übergabe an Gott in allen Dimensionen des Menschen, auch und

gerade in seinem Weltbezug, auch und gerade in seiner Hinwendung zum Mitmenschen und in der Ernsthaftigkeit, mit der er sich auf die Probleme der Gesellschaft, auf ihre Zwänge und Ängste, auf ihre Strömungen und Suchbewegungen einlässt."[73]

„EUCHARISTISCH"

In diesem Buch geht es nicht um Anbetung ganz allgemein, sondern um *eucharistische* Anbetung. Es kann hier zwar keine Theologie der Eucharistie entfaltet werden, aber wir werden doch fragen müssen, auf welchen theologischen Grundlagen diese spezifische Gebetsweise beruht und was das für das Gebet zu Christus in den eucharistischen Gestalten bedeutet. Zu erinnern ist hier auch daran, dass die Anbetungsmomente *innerhalb* der Eucharistiefeier – etwa bei der Elevation von Hostie und Kelch nach den Konsekrationsworten oder der Doxologie am Ende des Hochgebets – der erste und grundlegende Ausdruck der Verehrung Jesu Christi in der Eucharistie sind. Alles andere ist davon abgeleitet.

Die Aussagen des Konzils von Trient (1545–1563) sind ein markanter Punkt in der Eucharistielehre der katholischen Kirche. Vieles wurde dabei in Auseinandersetzung mit den Reformatoren entwickelt, wodurch manchmal wichtige Aspekte unterbelichtet blieben. Eine der strittigen Fragen zwischen den Konfessionen war schon damals die Praxis der eucharistischen Anbetung außerhalb der Messfeier. Vier Aspekte der konziliaren Lehre von Trient sind dafür ausschlaggebend, dass das Konzil diese Art der Verehrung der Eucharistie für gut geheißen und empfohlen hat:

- Das Konzil spricht sich dafür aus, dass der Ausdruck „Wesensverwandlung" [*transsubstantiatio*] „sehr treffend" [*aptissime*] ist, um die Präsenz Christi in der Eucharistie auszudrücken (vgl. DH 1652). Luther hatte zwar an der Realpräsenz Christi in der Eucharistie festgehalten, diesen Begriff aber abgelehnt. Und auch das Konzil von Trient bekräftigt, dass Christus hier nicht „nur wie im Zeichen, im Bild oder in der Wirksamkeit“ gegenwärtig ist, sondern „wahrhaft, wirklich und wesentlich [*substantialiter*]“ (DH 1651). Auf die Schwierigkeiten, die sich aus dem Wort „Transsubstantiation“ ergeben, müssen wir noch zu sprechen kommen.

- Das Konzil von Trient hält fest, dass in diesem Sakrament Christus mit Menschheit und Gottheit präsent ist. Deshalb ist ihm jene Anbetung zu erweisen, „die man dem wahren Gott schuldet“ (DH 1643 vgl. DH 1656 mit ausdrücklichem Bezug auf Prozessionen und öffentliche Anbetung). Die Anbetung richtet sich also nicht auf „etwas“ (wie es z. B. der Ausdruck „das“ Allerheiligste vortäuschen mag), sondern auf Christus, den „einziggeborenen Gottessohn“ (DH 1656).
- Unter jeder Gestalt – also im konsekrierten Brot allein genauso wie im konsekrierten Wein allein – ist jeweils „der ganze Christus“ enthalten und nicht nur ein „Teil“ von ihm (DH 1653). Für die Feier der Eucharistie bedeutet das, dass der Empfang der Kommunion unter beiden Gestalten zwar sowohl von der volleren Zeichenhaftigkeit als auch vom Auftrag Jesu her äußerst wünschens- und anstrebenswert ist, es aber objektiv gesehen der Begegnung mit Christus keinen Abbruch tut, ihn nur in einer Gestalt zu empfangen (vgl. KKK 1390). Gleiches gilt dann für die eucharistische Anbetung – wiewohl man auch hier überlegen sollte, wie der größeren Zeichenhaftigkeit Raum gegeben werden könnte[74].
- Auch wo die Eucharistie nach der Messe aufbewahrt wird, ist Christus in ebendieser Weise bleibend gegenwärtig (DH 1654 vgl. DH 1657). Katholische Christen gehen davon aus, dass Christus das einmal über die Gaben gesprochene Wort nach Beendigung der Feier nicht „zurückzieht“, son-

dern seine reale Präsenz in ihnen verbürgt, solange die Gestalten [*species*] von Brot und Wein erhalten bleiben. Auch wenn die Kirche vor dem 12. Jahrhundert keinen eucharistischen Kult außerhalb der Messe gekannt hat, hat sich die Überzeugung von der wirklichen, ungeminderten Gegenwart Christi in den Gestalten von Brot und Wein auch nach der Messfeier doch darin geäußert, dass die Kommunion den Kranken und Sterbenden gebracht und mit Ehrfurcht behandelt worden ist (vgl. KKK 1379f).

Damit sind – lehrmäßig gesehen – die Wegmarken gesetzt. Das entbindet jedoch nicht davon, diese Lehrsätze theologisch zu durchdringen und eine Sprache zu finden, die auch heutigen Menschen zugänglich ist. Dieser Herausforderung haben sich viele Theologen und Theologinnen gestellt.

Für unser Thema ist vor allem wichtig, wie wir die in den Konzilstexten genannte „substantielle" Gegenwart Christi richtig verstehen können. Das Problem ist, dass wir mit dem Wort „Substanz" heute etwas anderes verbinden als in früheren Jahrhunderten. Wahrscheinlich denken wir im naturwissenschaftlichen Sinn an verschiedene „Substanzen" und meinen damit das, was sinnlich greifbar (sehen, tasten, schmecken, riechen) ist. Doch genau darum geht es hier nicht, sondern „Substanz" meint das den menschlichen Sinnen gerade *nicht* direkt zugängliche „Wesen". „Brot und Wein werden ihrem Sein nach verwandelt"[75]. Dies geschieht – dem Glauben nach – nicht durch menschliche Initiative und neue Bezeichnung – wie etwa die Bestimmung eines Stück Stoffes als Fahne eines Staates –, sondern auf göttliches Wort hin, das tiefer in das „Wesen" einzudringen vermag als rein menschliche Bestimmung. Die Anrufung des Heiligen Geistes über die Gaben in der Eucharistiefeier bringt das zum Ausdruck. Brot und Wein sind – wie andere Dinge – Gaben Gottes an uns und sind von ihm in die geschöpfliche Selbständigkeit freigesetzt, stehen also für sich selbst. Mit einem schönen Wort von Joseph Ratzinger (Papst Benedikt XVI.) bewirkt in der Eucharistie das sakramentale Wort nun Folgendes: Die geschöpflichen Gaben werden aus in sich stehenden Dingen „… zu *reinen* Zeichen Seiner Anwesenheit“, die

> „nicht mehr für sich selbst stehen, sondern allein für Ihn, durch Ihn, in Ihm. Sie sind nun so in ihrem Wesen, in ihrem Sein, Zeichen, wie sie vorher in ihrem Wesen Dinge waren“[76].

Durch die Wandlung geschieht physisch-chemisch nichts an Brot und Wein, kann nichts geschehen, weil sie sonst ihr neues Wesen als Zeichen nicht mehr wahrnehmen könnten. Bei aller Unähnlichkeit und Unzulänglichkeit kann hier doch das Beispiel mit der Fahne hilfreich sein: Es wird ein Stück *Stoff* zur Fahne und somit zum Zeichen z.B. für einen Staat bestimmt. Die Fahne ist und bleibt materiell gesehen Stoff. Und es braucht den Stoff, damit es eine Fahne gibt. Und doch ist es nicht mehr ein gewöhnliches Stück Stoff. In Bolivien habe ich erlebt, dass täglich beim Aufziehen der bolivianischen Fahne unter Androhung von Strafe alle auf dem Hauptplatz, der „Plaza“, stehenbleiben mussten. Es gilt generell als große Beleidigung, eine Fahne zu „schänden“. Die Bestimmung zur Fahne kann jedoch von der zuständigen Autorität wieder zurückgezogen werden. Genau das sieht der katholische Glaube bei der Eucharistie anders: Kein Mensch kann den Leib Christi wieder zu gewöhnlichem Brot und das Blut Christi wieder zu gewöhnlichem Wein erklären, weil die Wandlung auch nicht von seiner Entscheidung her kommt, sondern von Gottes Gnade in Christi Wort und von Gottes Geist. In der Gabe der Eucharistie gibt sich Christus uns in aller Freiheit[77].

Brot und Wein stehen nun für Leib und Blut Christi. In ihnen macht er sich selbst *als Person* gegenwärtig. Seine Gegenwart ist

„personal, nicht dinglich zu denken. Die Gnade, die uns im Sakrament der Eucharistie geschenkt wird, ist Christus selbst in seiner Selbsthingabe für uns. Christus ist in den eucharistischen Gaben nicht wie eine naturale Sache gegenwärtig, sondern ‚auf eine personale Weise und in der Beziehung zu Personen' (Kurt Koch)"[78].

Mit solchen und ähnlichen Aussagen und vor allem mit dem Verweis auf die Beziehung möchte die Theologie ein zu dingliches Verständnis der „Realpräsenz" in Brot und Wein überwinden. Auch hier gibt es einen Zugang von menschlichen Erfahrungen her, auch wenn dieser nicht eins zu eins auf die Eucharistie übertragbar ist. Leonardo Boff etwa hat vom letzten Zigarettenstummel seines Vaters erzählt, der ihm nach dessen Tod zum Trost und Zeichen der Nähe seines Vaters geworden ist. Ich persönlich habe mich meinem verstorbenen Vater am nächsten gefühlt, wenn ich hinter dem Steuer seines Autos, das ich eine Zeitlang noch fahren durfte, gesessen bin. Das war nicht nur das Auto, da war noch etwas anderes. Da war Papa – und ich mit ihm. Das geht mir ab, seitdem das Auto verschrottet werden musste. Wie gesagt – bei aller Unähnlichkeit zur eucharistischen Gegenwart machen solche Erfahrungen doch deutlich, wie sehr wir über „Dinge" die Nähe eines anderen erfahren können, besonders dann, wenn er oder sie uns durch den Tod entzogen ist. Im Abendmahl bestimmt Jesus selbst Brot und Wein als andauernde Zeichen seiner nährenden und heilenden Gegenwart und legt diese Gabe in die Hände derer, die an ihn glauben, verbunden mit dem Auftrag, die Feier zukünftig „zu seinem Gedächtnis" zu begehen.

Dabei ist es nicht „zufällig", dass Jesus Speise und Trank, „Lebensmittel" also, als Sakrament seiner Präsenz wählt. Auf diesen Aspekt werde ich später noch zu sprechen kommen. Hier sei nur darauf hingewiesen, dass damit zum Ausdruck kommt, was Christus für uns durch sein Leben, seinen Tod und seine Auferstehung sein will: Speise, Quelle, Freude.[79]

Die Rede von der „realen Gegenwart" Christi in der Eucharistie, so richtig und entscheidend sie ist, kann auch auf einen Irrweg führen. Nämlich dann, wenn alle anderen Weisen der Gegenwart Jesu als „nicht wirklich" gesehen würden. Die Gegenwart Christi in der Eucharistie, so sagt die Enzyklika *Mysterium fidei* von Papst Paul VI. (1965) ausdrücklich, wird „nicht ausschlussweise ‚wirklich' genannt, als ob die anderen nicht ‚wirklich' seien, sondern vorzugsweise" (Nr. 39). Auch in seinem Wort, in den Armen, Kranken und Gefangenen, im Gebet seiner Kirche, in den anderen Sakramenten begegnet Christus „wirklich", handelt an uns und beschenkt uns mit seinen Gaben. Er teilt sich wirklich selbst mit – aber er „ist" es nicht selbst. Das ist das Spezifische der eucharistischen Gegenwart, wie sie die katholische Kirche versteht: In ihr schenkt sich Christus nicht nur in und vermittels Brot und Wein, sondern diese Gaben *sind* wirklich er selbst, und zwar nicht nur im Vollzug der Eucharistie, sondern bleibend. Seine Gegenwart als derjenige, der sein Leben für uns hingegeben hat und dessen Leben für uns hingegeben wurde, findet sein Ziel, wenn wir diese Hingabe annehmen und mit ihm in Beziehung treten. Diese spezifische Präsenz Christi in der Eucharistie wird für den Betenden zur Einladung, Christus auch in den anderen Weisen seiner Gegenwart wahrzunehmen und darauf mit Dank und einer entsprechenden Lebenspraxis zu antworten. Vielleicht ergeben sich von diesem „Gipfel" her auch Ausblicke auf andere Weisen der Präsenz Christi. Vielleicht bekommen wir von hierher einige Kriterien der Unterscheidung an die Hand, woran Christi Gegenwart zu erkennen ist.

Letztlich bleibt an den Ruf zu erinnern, der in jeder Messe nach den Wandlungsworten erklingt: „Geheimnis des Glaubens". Er hallt auch nach der Feier in der eucharistischen Gestalt des Leibes Christi wider.

GRUNDEINSICHT UND FRÜCHTE

Eine Grundeinsicht ist, dass eucharistische Anbetung aus der Feier der Eucharistie hervorgeht und auf sie hin – insbesondere auf die Kommunion hin – ausgerichtet ist. Feier und Mahlteilnahme sind Ursprung und Ziel der eucharistischen Verehrung[80]. Diese steht also nicht für sich allein, sondern ist „relativ" – eingefügt in ein größeres Ganzes, in vielfältige Bezüge. Die Gegenwart Christi im eucharistischen Brot kommt von der Eucharistiefeier her und ist durch sie begründet, sie ist Frucht der Konsekration[81]. Eucharistieverehrung muss dann auch zur Feier der Eucharistie hinführen und auf die „sakramentale und geistliche Kommunion" hinzielen[82]. Die Gestalten von Brot und Wein sind eine dauernde Einladung an uns, an der Gedächtnisfeier des Todes und der Auferstehung Christi teilzunehmen und unser Leben mehr und mehr von diesem Geheimnis formen zu lassen.

Manchmal frage ich mich, ob es wirklich angebracht ist, gleich nach Ende der Eucharistiefeier „das Allerheiligste" auszusetzen und Anbetung zu halten. Haben wir da nicht eben den Leib und Blut Christi empfangen und damit ihn selbst in uns aufgenommen? Gewissermaßen sind wir ja nun selber „Tabernakel" oder – um eine Selbstbezeichnung von Ignatius von Antiochien aufzugreifen – „Christusträger" und „Christusträgerinnen". Gilt es also nicht in erster Linie, ihn jetzt in und durch uns in die Welt hinauszutragen? Mir scheint, dass das anbetende Verweilen vor Christus in der Eucharistie eher in den „Zwischenzeiten" ihren Platz hat.

Sinn der Anbetung ist also einerseits, „jenen Glauben zu vertiefen und lebendig zu halten, mit dem und in dem allein Eucharistie gefeiert"[83] und die Kommunion empfangen werden kann. Andererseits geht es darum, die „Früchte" des Sakramentes der Eucharistie tiefer in sich aufzunehmen und im eigenen Leben „ankommen" zu lassen. Oder besser gesagt:

Jesus Christus in meinem Leben Raum zu geben, aus ihm und für ihn zu leben.

Im Anschluss an Balthasar Fischer könnte man die Aufgabe der eucharistischen Anbetung mit „realisieren, was Eucharistie ist" umschreiben.[84] Damit ist zweierlei umschrieben[85]:

- „Realisieren" meint zum einen: in einem Prozess der Bewusstmachung etwas einsehen, begreifen, erkennen, herankommen an etwas bisher nicht voll erkanntes Wirkliches. Balthasar Fischer weist hier auf die theologische Erkenntnislehre von John Henry Newman hin, der mit dem Verb „*to realize*" den „entscheidenden Vorgang des Durchstoßens durch die Welt der Begriffe ... zur Wirklichkeit des Gemeinten" beschrieb.[86] Auf die eucharistische Anbetung bezogen kann das heißen: durch das bloße „Katechismuswissen" um die Gegenwart Christi in der Eucharistie durchzustoßen zur Begegnung mit ihm. Oder auch: geistig zu „verdauen", was im Augenblick des Kommunionempfangs in und mit mir geschehen ist.
- Zum anderen heißt „realisieren": etwas, z.B. eine Idee, in die Tat umsetzen. Für die eucharistische Anbetung bedeutet das, dass sie ihre zweite Sinnspitze darin hat, den Betenden zu bereiten, „eucharistisch zu leben", das heißt: in die Haltung Jesu, die in der Eucharistie zum Ausdruck kommt, hineinzuwachsen und sie im eigenen Leben umzusetzen. Albert Pichler hat hier sehr treffend von einer „eucharistischen Lebenskultur" gesprochen. Dazu gehören für ihn: Dankbarkeit, Solidarität, Gewaltlosigkeit und Feindesliebe, diakonische Grundeinstellung und Praxis, glaubender Umgang mit Lebensbrüchen, Gastfreundschaft auch mit Armen und Fremden, Bereitschaft zu Wandlung und Umkehr sowie der Wille, einen Erfahrungsraum für die Vergegenwärtigung des Christusereignisses zu schaffen.[87]

Beides kann, wird und soll natürlich auch ohne eucharistische Anbetung geschehen. Der betende Blick auf das konsekrierte Brot, den Leib Christi, kann jedoch die Sinne des Menschen ansprechen. Wie im Brennpunkt leuchtet das Geheimnis der Eucharistie auf und steht vor Augen. Damit wird auch deutlich, dass nicht wir Menschen uns der Eucharistie und ihres Geheimnisses bemächtigen, sondern dass es auf uns zukommt, uns „widerfährt“[88], uns gegeben, uns geschenkt ist, um uns und unser Leben zu verwandeln. Es gibt kein angemessenes „Gegengeschenk“ dazu, nur den Dank, die Zustimmung und ein Tun, das der empfangenen Gabe und dem, der sich in ihr gibt, entspricht, wenn auch stammelnd und fragmentarisch. Hier treten wir also aus dem uns so vertrauten Tauschhandel – ich gebe, damit mir wieder gegeben wird – heraus.[89] Hoping weist auf ein Wort von Augustinus in seinen *Bekenntnissen (Confessiones)* hin. Hier lässt Augustinus Christus zum Glaubenden sprechen:

> „Nicht wirst du mich in dich verwandeln, gleich der Speise deines Fleisches, du wirst gewandelt werden in mich [Christus].“[90]

Das erinnert mich an den Liedruf: „Im Anschauen deines Bildes – da werden wir verwandelt in dein Bild.“[91] Die konsekrierte Hostie hält das Bewusstsein wach, dass Jesu Anwesenheit unter uns nicht vom Betenden abhängt und schon gar nicht erst „hergestellt“ werden muss, sondern *gegeben* ist, um empfangen zu werden.[92] Was wir heute brauchen, so Helmut Hoping, „ist eine neue eucharistische Kultur des Empfangens“[93].

Einem solchen Verständnis ist das Wort „Frucht, Früchte“ angemessen, weil Frucht etwas ist, das sich einfach ergibt, das aber gleichzeitig auch der Pflege bedarf. Auch der Katechismus der Katholischen Kirche verwendet diese Metapher und spricht von den „Früchten der Kommunion“ (KKK 1391–1401). An diesen Früchten hat auch die eucharistische

Anbetung als meditative „Verlängerung“ der Eucharistiefeier Anteil. Sie sind Geschenk und Herausforderung zugleich. Im Einzelnen führt der Katechismus der Katholischen Kirche folgende „Früchte“ auf:

- die Vertiefung der Vereinigung mit Christus.
- die Stärkung der „Liebe, die im täglichen Leben zu erlahmen droht“ (KKK 1394), Reinigung von Sünden und Bewahrung vor der Sünde.
- den Aufbau der Kirche, indem in der Eucharistie die einzelnen Gläubigen mit dem Leib Christi, der die Kirche ist, vereint werden.
- die Verpflichtung gegenüber den Armen, weil Christus am Kreuz selbst „der Geringste“ geworden ist. Der Katechismus der Katholischen Kirche sagt mit Verweis auf Mt 25,40: „Um den Leib und das Blut Christi, die für uns hingegeben wurden, in Wahrheit zu empfangen, müssen wir Christus auch in den Ärmsten, seinen Brüdern [und Schwestern], erkennen“ (KKK 1397). Dazu gehören sowohl ganz konkretes Teilen von Gütern als auch ein barmherziger Umgang mit den anderen.
- das Empfinden des Schmerzes über die Spaltung der Christenheit und das Gebet um die Einheit der Christen.

Diese „Früchte“ werden auch Orientierungspunkte für die Impulse zu einzelnen Aspekten von Eucharistie und eucharistischer Anbetung sein.

INTERMEZZO: „HEILIGES GERÄT – WÜRDIG UND SCHÖN" (SC 122)

Von den ersten Jahrhunderten an haben die Christen auf kostbare Gefäße für die Feier der Eucharistie Wert gelegt. Elfenbein und Glas galten als solch edle Materialien. Silber und Gold kamen hinzu, wo es einen Zugang dazu gab und man es sich leisten konnte. Gold stieg schließlich zu dem Material auf, das möglichst – meist allerdings als Vergoldung – verwendet werden sollte. Unterstützt wurde das dadurch, dass Gold in vielen Religionen Zeichen für das Göttliche ist. Außerdem ist es unzerbrechlich, rostet nicht und ist gut zu verarbeiten. Bis heute sind viele Kelche und Hostienschalen, Monstranzen und Speisekelche vergoldet. Auch kirchliche Vorschriften legen das nahe. Religiöse Bedeutung und praktische Eignung spielten beim Aufstieg von Gold als „dem" Material der Wahl eine Rolle. Solange nicht so viel Gold zur Verfügung war, hielt sich dies in Grenzen. Freilich kann man auch sagen, dass teure Anschaffungen, auch wenn sie durch fromme Stiftungen kamen, die für die Armen verfügbaren Ressourcen beeinträchtigt haben.[94] Bereits Johannes Chrysostomos (349/50–407) schreibt:

> „Willst du den Leib des Herrn ehren? Vernachlässige ihn nicht, wenn er unbekleidet ist. Ehre ihn nicht hier im Heiligtum mit Seidenstoffen, um ihn dann draußen zu vernachlässigen, wo er Kälte und Nacktheit erleidet. Jener, der gesagt hat: ‚Dies ist mein Leib', ist der gleiche, der gesagt hat: ‚Ihr habt mich hungrig gesehen und mir nichts

> zu essen gegeben', und ‚Was ihr dem geringsten meiner Brüder getan habt, das habt ihr mir getan.' […] Was nützt es, wenn der eucharistische Tisch überreich mit goldenen Kelchen bedeckt ist, während er Hunger leidet? Beginne damit, den Hungrigen zu sättigen, dann verziere den Altar mit dem, was übrigbleibt."[95]

Johannes Chrysostomos weist also nachdrücklich darauf hin, dass die Sorge um Christus in den Armen (vgl. Mt 25,31–46) Priorität hat vor dem Schmuck für den Altar. Wer Gemeinschaft mit dem Leib Christi in der Kommunion haben will, muss sich auch um Christus in den Armen und Verwundbaren sorgen. Verehrung der Eucharistie durch die schönsten Kelche, Schalen und Monstranzen wird leeres Ritual ohne den Blick auf diese „geringsten" Brüder und Schwestern.

In der Geschichte der Verwendung von Gold gibt es einen Einschnitt: die Eroberung Südamerikas durch die Europäer. Mit brutaler Gewalt wurden unter anderem die Goldvorkommen dieses Kontinents ausgeplündert. Dabei wurden Menschen versklavt und ausgebeutet. Ein wahres Goldfieber hatte die Eroberer ergriffen. Ihrer gierigen Suche nach „El Dorado", dem sagenumwobenen Gold-Reich, fielen unzählige Menschen zum Opfer. Und der Reichtum floss in unglaublichen, bis heute nicht insgesamt bezifferbaren Mengen in die „alte Welt" und fand seinen Eingang in Paläste und Kirchen. Gerade für den Kult der Eucharistie wurde einiges eingesetzt. So führt Andreas Heinz im Lexikon für Theologie und Kirche auf, dass die Stadt Toledo 14 Kilogramm Gold für kostbare Monstranzen stiftete.[96] Dabei muss man bedenken, wie viel Arbeitskraft und -einsatz hinter einer solchen Menge von Gold steckt – und wie viele Tote sie gekostet hat![97]

Auch Gold, das heute gewonnen wird, ist nicht unschuldig. Menschen arbeiten unter gesundheitsgefährdenden Arbeitsbedingungen und ohne soziale Absicherung. Anwohner werden (zwangs-)umgesiedelt. Manchmal sind illegaler Waffenhandel und Geldwäsche mit im Spiel. Das Trinkwasser wird verschmutzt. Die Umwelt wird zerstört. Tonnen von Gestein werden bewegt, um ein paar Gramm Gold zu gewinnen. „Mondlandschaften" entstehen, wo große, meist internationale Unternehmen tätig sind. Und Kleinschürfer riskieren ihr Leben und oft genug das ihrer Kinder, besonders in Afrika und Lateinamerika. In seiner Enzyklika *Laudato Si'* von 2015 sagt Papst Franziskus in aller Deutlichkeit:

> „… es gibt eine wirkliche ‚ökologische Schuld' – besonders zwischen dem Norden und dem Süden – im Zusammenhang mit Ungleichgewichten im Handel und deren Konsequenzen im ökologischen Bereich wie auch mit dem im Laufe der Geschichte von einigen Ländern praktizierten unproportionierten Verbrauch der natürlichen Ressourcen. Der Export einiger Rohstoffe, um die Märkte im industrialisierten Norden zu befriedigen, hat örtliche Schäden verursacht wie die Quecksilbervergiftung in den Goldminen oder die Vergiftung mit Schwefeldioxid im Bergbau zur Kupfergewinnung" (LS 51).

Freilich: Das meiste Gold wird als Geldanlage und als Schmuck verbraucht, zunehmend auch für elektronische Geräte. In die Hände der Kirchen gelangt nicht mehr viel. Aber es stünde uns als Christen gut zu Gesicht zu fragen, woher das Gold stammt, mit dem wir unsere Kirchen renovieren und mit dem unsere Monstranzen und andere liturgische Geräte oft überzogen sind. Die Initiative „Kirchen und Bergbau" (*Iglesias y minería*) hat 2016 die Bitte an Papst Franziskus gerichtet, die kirchlichen Vorschriften dahingehend zu ändern, dass Gold nicht mehr so im Vordergrund steht. Auch jetzt schon sind Spielräume vorhanden, die wir nützen können.[98] Ausdrücklich hat bereits das Zweite Vatikanische Konzil festgehalten, dass es Aufgabe der Bischofskonferenzen ist, über Material und Form liturgischer Geräte je nach Situation zu entscheiden und Anpassungen vorzunehmen (SC 128). Auf jeden Fall ist es angebracht, dass wir uns darüber Gedanken machen, womit wir Christus in der Eucharistie ehren, was wirklich „würdig" und nicht nur schön ist. Eine Möglichkeit ist es, zumindest in Zukunft bewusst nur fair gehandeltes Gold zu verwenden, und das nur sehr sparsam.

Ich hoffe darauf, dass sich Bischöfe, Lehrende der Liturgie, Künstlerinnen und Kunsthandwerker zusammentun und kreative Lösungen finden, die der Eucharistie würdig sind, ohne Menschen und Umwelt zu schaden. Was die geschichtliche Schuld betrifft, bleibt zum einen der Weg einer (öffentlichen) Vergebungsbitte, wie sie Papst Johannes Paul II. zur Jahrtausendwende für andere Bereiche ausgesprochen hat, zum anderen auch die Überlegung, wie wir heute „Wiedergutmachung" leisten könnten oder wo wir es schon tun. Auch wenn es, wie gesagt, in der Kirche heute nicht mehr um große Mengen von Gold geht, wäre es ein angemessenes Zeichen, wenn die Kirche hier vorangehen könnte.

Mich hat meine Arbeit zu Gold im Rahmen der Dreikönigsaktion der Katholischen Jungschar Österreichs nachdenklich und betroffen gemacht. Manchmal bitte ich im Anblick der kostbaren liturgischen Geräte die Menschen um Vergebung, auf deren Kosten und mit deren Lebensblut das wunderbare Gold gewonnen worden ist. Ich verstehe, dass Gläubige der Kostbarkeit der Eucharistie die Kostbarkeit von edlen Materialien an die Seite stellen wollten und wollen. Es ist ein Ausdruck des Glaubens und war und ist bestimmt davon, dass man Gott mit dem Kostbarsten, was man hat, ehren soll.[99] Aber auch hier gilt: mit Blick auf Jesus und seine Botschaft dürfen wir dies nicht mit dem Rücken zu den ausgebeuteten Menschen tun, damit nicht Paulus heute zu uns sagt, was er den Korinthern angesichts ihres lieblosen Verhaltens bzw. der sozialen Kluft, die auch bei den Herrenmählern sichtbar wurde, zuruft: „Was soll ich dazu sagen? Soll ich euch etwa loben? In diesem Fall kann ich euch nicht loben" (1 Kor 11,22).

DAS ERBE DES HEILIGEN ALFONS VON LIGUORI

Ein auflagenstarkes Buch. Ein Bestseller über mehr als zwei Jahrhunderte hinweg. Übersetzt in mehrere Weltsprachen. Bis heute neu aufgelegt, auch als E-Book, zumindest auf Italienisch und Englisch. Archiviert als wichtiger Teil des kulturellen Erbes. Ein emotionales Buch. Das alles sind die „Besuchungen des Allerheiligsten Altarsakramentes und der Gottesmutter“ von Alfons von Liguori. Der Gründer der Redemptoristen hat sie vermutlich 1745 als eines seiner ersten geistlichen Werke verfasst. Auch die letzten Päpste haben auf dieses Werk und ihren Autor in Schreiben und Ansprachen zur Eucharistie verwiesen.[100]

Alfons hat in einer Zeit der Hochblüte der eucharistischen Anbetung gelebt. Insgesamt schien die Liturgie nach dem Konzil von Trient und dem nachfolgenden Messbuch von 1570 eher erstarrt. Die Gläubigen lebten mehr von privaten Andachtsformen als von der feierlichen Liturgie der Eucharistie. Der Kommunion blieben sie meistens ohnehin aus Angst vor einem unwürdigen Empfang fern. Diese Angst haben Prediger und manche theologische Richtungen (etwa der Jansenismus, der von der Kirche ausdrücklich verurteilt worden ist) noch geschürt. Insofern ist es auffallend – und für Alfons' Zeit nicht ganz selbstverständlich –, dass er an einigen Stellen betont, dass die eucharistische Anbetung ihren Fluchtpunkt in der Kommunion hat und es nicht darum geht, sie einfach an die Stelle der Kommunion zu setzen.[101] Den Theologen seiner Zeit, die die Grenzen eines „würdigen" Empfangs der Kommunion sehr eng gezogen hatten, hält er entgegen, dass sie göttliches Geschenk bleibt und im Prinzip keiner jemals „wirklich" würdig sein könnte (Einführung). Doch Alfons wäre nicht Seelsorger, wenn er die Menschen nicht dort abholen würde, wo sie stehen. Er macht Mut zu beidem: der leiblichen und der geistigen (geistlichen) Kommunion. Dabei betont er, dass die geistliche Kommunion – also die spirituelle Vereinigung mit Jesus im Gebet – unabhängig von allen kirchlichen Vorschriften und Gegebenheiten allen jederzeit offensteht. Und dass es beides braucht: den Empfang der Eucharistie mit dem Mund und den geistlichen Empfang Jesu im Herzen.

So legt er in seinem Buch für jeden Tag des Monats Gedanken vor, die den Menschen beim „Besuch" Jesu im Tabernakel begleiten und die liebende Aufnahme Jesu in das Herz fördern können. „Aus der Tiefe meiner Seele begrüße ich dich bei mir" – dieses kurze Gebetswort des heiligen Alfons kann gleichsam über allen „Besuchungen" stehen. Auf ein täglich gleiches Vorbereitungsgebet folgt ein Text für den jeweiligen Tag, der zum inständigen Gebet wird. Diese Betrachtung soll in die „geistliche (bzw. geistige) Kommunion" münden: Wenn es im Moment auch nicht möglich ist, die Eucharistie zu empfangen und zu essen, so soll Jesus doch „wenigstens geistigerweise" in das Herz des Beters kommen. Wie es für Alfons ganz natürlich war, schließen sich Gebete und Anrufungen an Maria an.

Im deutschsprachigen Bereich ist das Betrachtungsbuch kaum mehr in der Hand der Betenden. Die letzte revidierte Übersetzung stammt aus dem Jahr 1982.[102] In Sprache und Duktus ist es heutigen Menschen fremd geworden, besonders dann, wenn Alfons über die „Beleidigungen" schreibt, die dem Sakrament der Eucharistie zuteilwerden, er viel über eine abgrundtiefe Sündigkeit des Menschen spricht oder wo sich der emotionale Überschwang des Süditalieners des 18. Jahrhunderts Raum verschafft. Außerdem ist zu beachten, so Peter Lippert, dass es Alfons nicht um eine umfassende Abhandlung über die Eucharistie geht. Manches Wichtige kommt deshalb in dieser kleinen Handreichung nicht vor. In anderen Schriften kommt Alfons sehr wohl darauf zu sprechen. Zu beachten ist auch, dass die „Besuchungen“ ausschließlich in der Ich-Form geschrieben sind. Das Eingebettet-Sein der Glaubenden in das Volk Gottes bleibt „unterbelichtet“ und muss immer wieder in das Bewusstsein gehoben werden.[103]

Dennoch birgt das Betrachtungsbuch einige Entdeckungen, die auch heutiges Beten inspirieren können. Deshalb lohnt es durchaus, einen Blick auf Aufbau und Gliederung zu werfen. Die 31 Meditationen haben alle fast die gleiche Struktur. Jeder Tag hat sein Thema, das sich dem Geheimnis der eucharistischen Präsenz Jesu von verschiedenen Seiten zu nähern sucht. Die Antwort des Betenden darauf ist im Kern immer die gleiche: Er äußert den entschiedenen Wunsch, „in Gegenliebe zu entbrennen“, Jesus allein zu dienen und Gottes Willen zu erfüllen. Dabei blickt er (oder sie) auf die eigene Vergangenheit, von der er bekennt, dass sie nicht immer so stark von der Liebe zu Jesus erfüllt war. In der Gegenwart, im Angesicht des eucharistischen Geheimnisses, spürt der Betende nun diese Liebe in sich auflodern und bittet für die Zukunft um größere Entschiedenheit und Liebe. Jede Betrachtung endet mit einem Gebetsruf (oder vielleicht besser: Gebetsseufzer) zu Jesus, zum Beispiel: „Mein Jesus, ich will dich ewig lieben, und ewig will ich von dir geliebt werden“ (12. Tag) oder „Jesus, meine Liebe, lass mich dich inniger lieben“ (18. Tag). Hier kommt auch Maria als Fürbitterin und Helferin ins Spiel. Was Alfons als Beter für sich ersehnt, sieht er in ihr verwirklicht und drückt sein Vertrauen auf ihren Beistand aus. Das kommt im abschließenden Gruß und Gebet an Maria in inniger Sprache zum Ausdruck.

Eine „Wordcloud“ der „Besuchungen“[104] zeigt anschaulich, worum Alfons in seinen Meditationen kreist: „Dich“ – „Liebe“ – „Jesus“ erzielen die meisten Treffer und leuchten groß auf. Ganz schlicht ausgedrückt: In der Eucharistie erblickt Alfons den Jesus, in dessen Leben und Sterben die Liebe Gottes offenbar geworden ist und der zum Menschen sagt: „Ich liebe dich“. Und der Mensch antwortet: „Ich liebe dich, Jesus“. So schreibt auch Peter Lippert in seinem Vorwort zur revidierten Übersetzung von 1982:

> „So mag manches an diesen Gebeten in einem tieferen Sinn ‚übersetzungsbedürftig‘ sein, als es durch die Übertragung aus dem Italienischen ins Deutsche geschah. Darüber sollte aber der Grundgehalt der ‚Besuchungen‘ nicht übersehen werden. Wie in vielen anderen Schriften des Heiligen steht auch in den ‚Besuchungen‘ die Liebe Gottes zu uns, und unsere Antwort der Liebe, im Mittelpunkt. Alfons unterschied sich dadurch von vielen theologischen Meinungen und nicht wenigen Frömmigkeitsformen seiner Zeit.“[105]

In der Grundstruktur der „Besuchungen“ spiegelt sich damit die Grundgestalt des christlichen Glaubens wider, die sich durch das Spiel von Zuspruch und Antwort auszeichnet. Gott schenkt bedingungslos seine Liebe, beginnend bei der Schöpfung und – so Alfons – vor allem in den Glaubensgeheimnisses von Krippe (Inkarnation), Kreuz (Passion) und Altar (das österliche Geheimnis der Eucharistie).[106] Der Mensch muss sich die Gnade Gottes nicht erringen – sie kommt ihm schon zu, ohne dass er etwas getan hätte. Dann aber ist er herausgefordert und herausgelockt, selber zu lieben. Alfons betet deswegen: „Wenn ich die Worte ‚Krippe, Kreuz, Sakrament‘ höre, will ich brennen in der Sehnsucht, Großes für dich zu tun, mein Jesus, der du so Unbegreifliches für mich getan und erduldet hast“ (6. Tag). Das Ziel ist die Wandlung hin zu einem „großen Liebenden“ (2. Tag).

In vielen Bildern und Gedanken umschreibt Alfons die Liebe Jesu, die ihm in der Eucharistie vor Augen steht. Meistens wird er dabei von einem Schriftwort inspiriert, das er typologisch oder allegorisch auslegt. Dabei lassen sich einige Motivstränge herausfiltern, die in Variationen wiederkehren:

- In der Eucharistie zeigt sich Jesus als *Quelle und Nahrung*. Er ist das Brot der Engel (18. Tag, vgl. Ps 77,25 Vulgata) und bietet sich mit ausgestreckter Hand als Nahrung dar (9. Tag). Wie Adler eine „Beute“ erspähen und sich aufmachen, sie zu erjagen, so sehen die Glaubenden in Jesus im Sakrament eine kostbare Speise für ihre Seelen, zu der sie eilen (21. Tag, vgl. Lk 17,37 Vg). Die Eucharistie ist nicht irgendeine Speise, sondern „Unterpfand des Himmels“ (6. Tag).
- In der Eucharistie bietet Jesus seine *Nähe und Freundschaft* an. Er ruft, er lädt ein. Er sitzt gleichsam wie damals am Brunnen und erwartet die Samariterin (31. Tag, vgl. Joh 4). Mit dem Hohelied hört Alfons Jesus sagen: „Meine Gnade hat dich schön gemacht“ (8. Tag, vgl. Hld 2,10). Jesu andauernde Gegenwart in der Eucharistie zeigt an, dass es Jesu Freude ist, bei den Menschen zu sein (3. Tag mit Verweis auf Spr 8,31). Er ist allzeit ansprechbar und sucht die vertrauliche Unterhaltung, um Trost und Frieden zu schenken (10. Tag – mit Verweis auf Teresa von Ávila).
- In der Eucharistie finden die Betenden *Heilung und Kraft*. Jesus selbst ist Heilmittel und göttlicher Arzt (16. Tag), er ist reinigendes Wasser und Kraft spendende Quelle (20. Tag). Er ist der Anwalt, der sich für den Sünder einsetzt (31. Tag – so hat Alfons wohl auch seinen erlernten Beruf als Anwalt in sein Tun als Priester und Seelsorger integriert).

- Die Eucharistie ist für Alfons das dichteste *Zeichen der Liebe.* In ihrem Anblick wird ihm klar: „Seht da, meine Liebe“ (12. Tag). Sie ist ein Thron der Liebe (18. Tag), ein Ofen der Liebe, ein Feuerherd der Liebe (15. Tag) für ihn. In ihr sieht er die Wundertaten der Liebe Gottes zusammengefasst (27. Tag). Das Sakrament ist ein Schatz, das Geschenk eines freigiebigen und großzügigen Gottes (6. Tag).
- In der Eucharistie erweist sich Jesus als der *gegenwärtige* Gott. Gegenwärtig in der Gestalt des Brotes, dageblieben – auch nach dem Tod (2. Tag), Tag und Nacht anwesend, auch wenn niemand zum Gebet in der Kirche ist (13. Tag). Hier zeigt er sich als der „Gott unter uns“ (26. Tag mit Verweis auf Jes 12,6). Unter diesen Aspekten kommt die Eucharistie als österliches Sakrament in den Blick. Im Brot hat sich Jesus verfügbar gemacht – für Gott und die Menschen. Hier wird sein Gehorsam „bis zum Tod“ (Phil 2,8) noch einmal zugespitzt. Alfons staunt und schreibt:

  „Er, der König des Himmels, steigt vom Himmel hernieder, gleichsam gehorsam dem Wort des Priesters, und bleibt im Tabernakel, um den Menschen zu dienen. … Dort bleibt er und geht nicht weg; er lässt sich hinstellen, wohin man ihn stellen will, in der Monstranz ausgesetzt zur Verehrung durch die Beter, im Ziborium eingeschlossen im Tabernakel; er lässt sich tragen, wohin man ihn tragen will, in die Häuser zu den Kranken, über die Straßen in der Prozession. Er lässt sich in der Kommunion reichen, wem man ihn reichen will, dem Gerechten wie dem Sünder“ (25. Tag).

- Wie es schon Thomas von Aquin in einem seiner berühmten Hymnen ausgedrückt hat, ist der Sohn Gottes in der Eucharistie zugleich und untrennbar *verborgen und offen-*

bar. Das menschliche und göttliche Antlitz Jesu ist unter der Gestalt des Brotes verborgen – und gerade dadurch ist seine Liebe offenbar (24. und 30. Tag). Alfons zitiert den hl. Bernhard mit den Worten: „Verborgen ist die Gottheit, verborgen ist die Menschheit; nur die ganze Tiefe der Liebe wird hier offenbar“ (24. Tag).

- In der aufbewahrten Eucharistie ist Jesus ganz *Erwartung und Einladung*. Er „brennt in Liebe“ (13. Tag) und klopft an die Herzen der Menschen (29. Tag, vgl. Offb 3,20). Geduldig und langmütig (14. Tag) wartet er wie damals auf die Samariterin am Brunnen (31. Tag, vgl. Joh 4).
- Alfons gebraucht auch *Ortsmetaphern*, um darzustellen, was der in der Eucharistie gegenwärtige Jesus für ihn bedeutet. Eine Kirche, in der das Sakrament aufbewahrt wird, ist ein „anziehender Wallfahrtsort“ (22. Tag). Man braucht nicht unter großen Mühen ins Heilige Land wallfahren, denn in der aufbewahrten Eucharistie wohnt der Heiland „ganz nahe bei uns ... in unseren Kirchen, nur wenige Schritte von unsern Häusern entfernt“ (23. Tag). In seinem Schatten kann man wie die Braut im Hohelied „mit Freude sitzen“ (29. Tag, vgl. Hld 2,3). Ja, für Alfons ist „das heilige Altarssakrament unser Himmel auf Erden“ (4. Tag).

Für den Gründer der Redemptoristen ist die Eucharistie eine „wunderbare Erfindung“ Gottes, durch die dieser die Liebe der Menschen gewinnen will (30. Tag). In ihr hat Gott einen Weg gefunden, „sich jedem einzelnen von uns zu schenken“[107]. Die Eucharistie ist für Alfons unauflöslich verbunden mit dem erlösenden Tod Jesu am Kreuz, dessen Gedächtnis sie ist. „Die Passion ist die höchste Visualisierung der unwiederholbaren Selbsthingabe Jesu Christi; die Eucharistie ist die andauernde sakramentale Wirklichkeit dieser Selbsthingabe“, schreibt der Redemptorist Brian Johnstone[108]. Jesus hinterlässt in der Eucharistie nicht nur ein äußeres Andenken an sich, so wie Menschen gerne anderen im Angesicht des Todes ein Geschenk überlassen. Alfons fragt staunend:

> „Und was hast du, mein Jesus, bei deinem Hingang zum Andenken an deine Liebe uns hinterlassen? Nicht bloß ein Kleid oder einen Ring, sondern deinen Leib, dein Blut, deine Seele, deine Gottheit: dich selbst, ohne etwas zurückzuhalten."[109]

Die Betrachtungen des heiligen Alfons sind ganz klar auf die personale Gegenwart Jesu Christi in der Eucharistie ausgerichtet. Es geht nicht um die Verehrung eines heiligen Gegenstandes, sondern um die Begegnung mit der Person Jesu Christi.

Aus dieser tiefen Begeisterung für die Eucharistie lebte Alfons persönlich. Und so ist die Verehrung des Sakramentes der Eucharistie zu einem festen Bestandteil der Spiritualität seines Ordens und der ihm verwandten Gemeinschaften geworden. Zu den damit verbundenen Frömmigkeitsformen zählen namentlich die Danksagung nach der Kommunion, persönliche und gemeinschaftliche Zeiten der eucharistischen Anbetung sowie eben die „Besuchung", d. h. der regelmäßige wenigstens kurze Augen-Blick mit dem in der Eucharistie anwesenden Erlöser[110]. Auch wenn sich manche Ausdrucksformen in der Praxis der redemptoristischen Gemeinschaften immer wieder gewandelt haben, gehört das Geheimnis der Eucharistie und seine Verehrung in das Innerste einer Spiritualität, die sich aus Leben und Werk des heiligen Alfons speist. In diesem Geist möchte ich nun im folgenden Kapitel einige Impulse für das persönliche Gebet vor dem eucharistischen Jesus – sei es einfach als Beten vor dem Tabernakel oder im Sinne der „Aussetzung" – vorlegen, die sich heutiger Theologie der Eucharistie verpflichtet wissen.

BEGEGNUNG, DIE VERWANDELT

In seiner Ansprache vor dem Internationalen Eucharistischen Kongress in Cebu/Philippinen 2016 hat Kardinal Bo von Myanmar ein schönes Bild gebraucht:

> „Die Eucharistie ist das geistliche Juwel. Jedes Schmuckstück muss von verschiedenen Seiten und in unterschiedlichem Licht angeschaut werden.“[111]

Ich hoffe, dass dieses Juwel, das die eucharistische Gegenwart ist, durch die folgenden unterschiedlichen Perspektiven einen neuen Glanz bekommt.

Ein zweiter Schwerpunkt dieses Kapitels ist die verwandelnde Kraft der Anbetung. Oder anders gesagt: die Herausforderung und Einladung, das eigene Leben einem Wandlungsprozess auszusetzen und in ein Leben einzuschwingen, das der Begegnung mit Jesus Christus im Geheimnis der Eucharistie entspricht. Papst Johannes Paul II. hat es in seinem Schreiben *Ecclesia de Eucharistia* (2003) so ausgedrückt:

> „Den Tod des Herrn verkünden, „bis er kommt“ (1 Kor 11,26), bringt für alle, die an der Eucharistie teilnehmen, den Auftrag mit sich, das Leben zu ‚verwandeln‘, damit es in gewisser Weise ganz ‚eucharistisch‘ werde“ (Nr. 20).

Jedes der folgenden „eucharistischen Adjektive“ wird mit zwei Hinweisen zur Praxis eucharistischer Anbetung zusammengefasst. So wie der heilige Alfons jede seiner „Besuchungen“ mit einem „*Gebetsseufzer*“ beendet hat, werde ich einen kurzen Vers vorschlagen, der sich mit dem Atem verbinden und die Betenden in einer stillen Zeit innerlich begleiten kann. Unter dem Motto „*Eucharistisch leben heißt*“ will ich die lebenspraktische Perspektive beleuchten.

NAHRHAFT – GENÄHRT – NÄHREND

Wieder einmal sind die Kassen und Vorratsräume in St. Benno, Warschau, leer. Die Versorgung der Ordensbrüder und derer, für die sie da sind, ist in Gefahr. Da klopft der heilige Klemens Maria Hofbauer, der den Orden der Redemptoristen nördlich der Alpen einpflanzt hat, mit großem Vertrauen an den Tabernakel und ruft: „Herr, hilf, jetzt ist es Zeit.“ Und – so sagt es die Tradition – bald darauf klopft es an der Tür, und Geld und Lebensmittel treffen ein.

Mit der Jugendgruppe, zu der ich gehörte, pilgerte ich etwa zehn Mal zu Fuß von Wien nach Mariazell, dem großen Marienwallfahrtsort in der Steiermark. Die letzte Wegstrecke führt durch die so genannte Walster. Dort steht eine Kapelle zu Ehren des heiligen Nikolaus von der Flüe mit schönen Glasfenstern. Eines zeigt die Szene, wo der Heilige von einem Engel die Eucharistie empfängt. Staunend hörte ich damals, dass Bruder Klaus jahrelang von der Eucharistie als seiner einzigen Nahrung gelebt haben soll. Dasselbe wird von einigen anderen Heiligen berichtet.

Beide Erzählungen bringen auf unterschiedliche Weise symbolisch zum Ausdruck, dass Eucharistie buchstäblich Nahrung ist und sein will. Das Sakrament ist eingesetzt, damit es gegessen wird. So hält es das Konzil von Trient fest (DH 1643). Auch das eucharistische Brot, vor dem Menschen beten, hat seine Bestimmung darin, dass es zur Kommunion gereicht wird. Man kann auch sagen: Das Sakrament ist eingesetzt, damit es uns nährt. Jesus Christus bietet sich selbst dar in der Gestalt von Brot, das zumindest in unserem Kulturkreis der Inbegriff von Nahrung ist. „Ich bin das Brot des Lebens", sagt Jesus im Johannesevangelium (Joh 6,48). Der Blick auf das konsekrierte Brot stellt uns diese Selbstaussage Jesu vor Augen und lehrt uns, dass es Christus ist, der Speise für den Weg durch unser Leben ist. „Meine Nahrung bist du", singt die Gemeinde im Lied (GL 2013, Nr. 377). Wie gesagt, spielte auch für Alfons von Liguori in seinen „Besuchungen" das Thema *Nahrung* eine wichtige Rolle. In der Eucharistie ist es Jesus, der sich selbst mit ausgestreckter Hand als Nahrung darbietet (9. Tag).

„Meine Nahrung bist du" – dieser Satz begleitet mich auch im stillen Gebet vor der Eucharistie. Er holt mich heraus aus der Sorge um die tägliche Ernährung. In unserer westlichen Gesellschaft meint das heute meist weniger den Kampf um die tägliche Ration zum Leben, sondern oft die Suche nach noch gesünderer Nahrung, nach „Wunderpflanzen" und „Superfood". 49 Millionen Ergebnisse listet die Internet-Suchmaschine in Sekundenschnelle auf. Natürlich ist gesunde Ernährung wichtig. Aber sie darf nicht gottähnlichen Charakter bekommen. Und sie ist nicht alles. Es gibt noch eine andere Art der Nahrung. Hier in der Eucharistie ist einer, der auch die „Seele" des Menschen nährt, indem er Beziehung und Freundschaft anbietet. Hier ist einer, der im Sakrament und auch im Wort der Heiligen Schrift Nahrung für mein Leben bietet. Er hat sich in seinem irdischen Leben für die Menschen verzehrt – und lässt sich auch heute in der Eucharistie verzehren. Kein Zuckerwerk zugegebenermaßen. Aber dafür sättigend und Kraft spendend.

Ich habe bei anderen Gelegenheiten auch die Erfahrung gemacht, dass das Anschauen von schönen Dingen – oder auch von Kindern – meine Seele und meinen Geist sättigt und mit Zufriedenheit und Hoffnung erfüllt. Liebende leben vom Augen-Blick. Manchmal so sehr, dass die leibliche Sättigung sekundär wird. „Die miteinander sein wollen, möchten vor allem auch gesehen werden, das eine vom anderen", sagt Gottfried Bachl[112]. Und der Psalmist betet: „Ich werde mich satt sehen an deiner Gestalt" (Ps 17,15). So wie gutes Brot sättigt, so kann der Augen-Blick auf das eucharistische Brot erfüllend sein. Und es gibt tatsächlich so etwas wie eine „Augenkommunion" (Gottfried Bachl), eine tiefe Gemeinschaft mit Christus, die über das Sehen geht.

Wer zu Christus sagt: „Meine Nahrung bist du", ist berufen, selbst solches Brot für andere zu werden und sie zu nähren. Ist berufen, Worte zu sprechen und Gesten zu setzen, aus denen andere leben können. Ist berufen, das Nährende des Glaubens an Jesus Christus zu bezeugen. Berufen auch, sich für eine gerechte Verteilung der Güter einzusetzen, damit alle Nahrung haben. So wie man nicht mit dem Rücken zu den Hungernden Eucharistie feiern darf, so darf man auch nicht mit dem Rücken zu den Hungernden anbeten. Dabei gilt, so hält Franz Segbers fest: „Zuviel Hunger und genug Brot – dies ist der globale und lokale Kontext für die Eucharistie."[113] Er weist auf John Poulton hin, der 1983 bei der Ökumenischen Versammlung in Vancouver in eindrücklichen Worten die Verpflichtung zu sozialem Handeln aus der Eucharistie abgeleitet hat:

> „Das uns dargereichte Brot bringt die Hungernden mit in unsere Gemeinschaft hinein. Der uns dargereichte Wein bringt die Freudlosen, die Kranken, diejenigen, denen die Früchte der Erde versagt bleiben; Gemeinschaft und Friedensgruß bringen die Gefangenen und die Geisteskranken, die Flüchtlinge und die Staatenlosen in unsere Mitte."[114]

Genauso wie die Feier der Eucharistie verbindet auch die eucharistische Anbetung mit den Hungernden, Einsamen und Notleidenden in der Welt. Herausgefordert sind die Betenden dabei nicht nur zu einem Teilen von Überfluss, sondern zu einem Lebensstil, der anderen den Zugang zu Brot und anderen „Lebensmitteln“ wie etwa Bildung ermöglicht. Der Blick auf Strukturen, die den Hunger in der Welt – trotz der engagierten Ziele der Entwicklungsagenda – weiterhin befeuern, gehört dazu. Im Blick stehen damit auch diejenigen, die aus der Not anderer Vorteile ziehen, ja Kapital schlagen – und das sind weltweit gesehen nicht nur „böse“ Konzerne, sondern auch wir in der so genannten „westlichen“ Gesellschaft bzw. auf der Nordhalbkugel unserer Erde[115]. Franz Segbers verweist auf den Begriff „Liturgie nach der Liturgie“, der aus der Orthodoxie stammt. So wie ich in der Anbetung Christus begegne, so setzt sich diese Begegnung in der Hinwendung zum Armen fort und muss sich fortsetzen: „Ich war hungrig und ihr habt mir zu essen gegeben“ (vgl. Mt 25, 35). Bischof Erwin Kräutler bringt es auf den Punkt:

> „Gerechtigkeit wird zur einzig wahren Liturgie, die Gott gefällt. Er verabscheut alle Frömmigkeit, die von der Liebe zum Schwachen, zum Armen, zum Gedemütigten, zum Verachteten, getrennt ist.“[116]

Die „Missionarinnen der Nächstenliebe“, die von der heiligen Mutter Teresa gegründet worden sind, sind ein sprechendes Beispiel für die Zusammengehörigkeit der beiden Liturgien: Jeden Morgen begegnen sie zuerst Christus in der Eucharistie, dann gehen sie auf die Straßen und in ihre Häuser, um ihm dort in den Armen zu begegnen. So lassen sie sich und ihr Leben von Christus in der Eucharistie und Christus in den Armen bestimmen.

Angesichts der Eucharistie wird auch die Hoffnung geweckt, dass diese unsere Welt wirklich verwandelt werden kann und es in den eucharistischen Gestalten schon ist. „Die eucharistische Feier ist eine Feier der Hoffnung auf eine wirkliche Transformation der Welt, die schon jetzt die Feiernden verändert … Sie ist Ermutigung, Nahrung und Kräftigung für die Teilnahme an der Missio Dei für ein ‚Reich Gottes von Gerechtigkeit, Friede und Freude' (Röm 14,17)."[117]

Wahre eucharistische Frömmigkeit zeichnet sich also durch eine tiefe Liebe zu den Armen und Notleidenden aus, zu denen, „denen niemand das Brot bricht"[118]. Doch das eucharistische Brot ist nicht nur wirklich materiell gesehen Brot, sondern es ist auch geistliche Nahrung, die den Hunger des Herzens, den Hunger des Menschen nach Gott stillen will. Als Glaubende sind wir aufgefordert, auch auf diesen Hunger Antwort zu geben.[119] Das tun wir, wo wir Menschen Freundschaft und Wegbegleitung anbieten, wo wir von unserem Glauben erzählen und andere auf den Weg des Glaubens, auf den Weg zu Gott mitnehmen.

Sebastian Brunner schrieb 1858 über den heiligen Klemens Maria Hofbauer: „Er gab ebenso gern das zeitliche Brot für den Leib als die Nahrung für den Geist zum ewigen Leben."[120] Otto Weiß nennt ihn deshalb einen „Leib- und Seelsorger, oder besser Lebenssorger"[121]. Die Kraft dazu holte sich Klemens aus der Begegnung mit Christus in der Eucharistie. Sich verzehren für andere ist nur möglich und gesund, wenn ich wieder Nahrung bekomme. Diese innere Nahrung bietet Christus in der Eucharistie an.

➷ *Beim Verweilen vor der Eucharistie verbinde ich mit dem Atem das Wort: „Meine Nahrung bist du" oder „Christus, Brot des Lebens".*

➷ *Eucharistisch leben heißt: Jesus Christus in seinem Wort und Leben, in seiner liebenden Hingabe für mich und seiner Auferstehung als Nahrung meines Lebens sehen und selbst ein Mensch werden, der auf den materi-*

ellen, geistigen und geistlichen Hunger anderer tatkräftig antwortet und ein genießbarer, ein „Brot-Mensch"[122] ist.

GANZ GEGENWÄRTIG

Ich habe das Glück gehabt, Menschen kennenzulernen, bei denen ich den Eindruck hatte: Sie sind wirklich da und im gegenwärtigen Augenblick präsent. Da ist jemand nicht nur körperlich anwesend und versucht, die Zeit mit mir hinter sich zu bringen, sondern da ist jemand ganz für mich da. Oder auch für eine Sache da. Einfach da. Aber ganz: ganz Ohr, ganz Leib, ganz Hand. Nicht auf dem Sprung, nicht mit den Gedanken beim nächsten Meeting oder der nächsten Beschäftigung, nicht das Smartphone schon umklammert, um den Account zu prüfen oder den Anruf eines anderen Menschen entgegenzunehmen, nicht bei den eigenen Plänen. Selber ertappe ich mich, dass das nicht immer gelingt. Dann bin ich unaufmerksam, zerrissen, schon fort, auch wenn ich noch da bin.

Bei der eucharistischen Anbetung feiern wir die Gegenwart Jesu Christi. Eine Gegenwart, die eben von genau dieser Qualität ist: Ganz ist er da. Hier erfüllt sich auf spezifische Weise die Verheißung, dass Jesus der „Immanuel", der „Gott mit uns" ist (vgl. Mt 1,23). Nicht etwas von ihm ist da, sondern er selbst. Immer deutlicher hat die Theologie herausgestellt, dass im „Leib" wie auch im „Blut" jeweils der „ganze" Christus anwesend ist, wenn auch unter verschiedenen Aspekten. „Blut" ist Jesus unter der Hinsicht, dass er einen gewaltsamen Tod gestorben ist, sein Blut vergossen und so sein Leben hingegeben hat. „Leib" ist er, weil er in der Menschwerdung auch die Vergänglichkeit und damit den Tod auf sich genommen hat und weil in Jesus der Sohn Gottes auf menschliche Weise – eben „leibhaftig" – in Beziehung mit uns Menschen getreten ist. Eucharistische Anbetung feiert Begegnung und

Beziehung. Da setzt sich nicht nur Christus uns aus, sondern die Betenden setzen sich ihm aus. Sie sind eingeladen, auch ganz „da“ zu sein, alle Sinne und Gedanken auf ihn zu zentrieren. Ganz Auge zu sein und zu werden. Ganz Atem. Ganz da eben, nicht schon wieder woanders. Der Anblick der in der Monstranz ruhenden Hostie in ihrer runden Gestalt kann zu dieser Fokussierung beitragen. Dazu fällt mir die berühmte Geschichte des Pfarrers von Ars ein. Ihm fiel ein einfacher Bauer auf, der „einfach so“ in der Kirche saß. Auf die Frage des Pfarrers, was er denn da die ganze Zeit tue, antwortete er mit den Worten: „Ich schaue ihn an – und er schaut mich an.“ Weiter nichts.

Der Weg zu einer solchen Qualität von Gegenwart ist auf unserer Seite ein Übungsweg. Vielleicht werden es nur Augenblicke sein, die diese Qualität in sich tragen. Das Tröstliche ist, dass es von der „anderen Seite“, von der Seite Jesu aus, in der Perspektive des christlichen Glaubens schon Wirklichkeit ist, dass da einer da ist, ganz da. Für mich, für uns. Die im Tabernakel aufbewahrte Hostie, die einfach da ist, ist ein starkes Zeichen dafür. Dieses Zeichen zeigt, dass sich Jesus nicht „davonstiehlt“, sondern auf diese Weise sein Wesen als „Immanuel“, als „Gott mit uns“ lebt und seine Verheißung verwirklicht: „Siehe, ich bin bei euch alle Tage bis zum Ende der Welt“ (Mt 28,20). Mit diesem Satz endet das Matthäusevangelium und entlässt mit ihm als „Wegzehrung“ auch alle, die es lesen. Die Gegenwart Christi in der Eucharistie macht diese Glaubensüberzeugung „handgreiflich“, sinnenhaft erfahrbar und – im Kommunionempfang – „schmeckbar“.

Eucharistisch leben würde dann heißen, entschieden diesen Übungsweg zu beschreiten – hin zu einer größeren Präsenz: Gott gegenüber im Gebet und auch den Menschen gegenüber, auf die ich treffe. Das werden unterschiedliche Menschen sein – so unterschiedlich wie die, die sich Jesus genaht haben und nahen. Bei manchen wird es leichter fallen, bei anderen schwerer. Dabei kommt es gar nicht (nur) auf die Länge der Zeitspanne an. Oft genügt ein Augenblick intensiver, wertschätzender Präsenz, um gestärkt aus einer Begegnung zu gehen. Ein Stück christlichen Zeugnisses liegt hierin. Der heilige Alfons weist darauf hin, dass durch das Handeln der Glaubenden spürbar werden soll, dass die Menschen, wer auch immer sie sind, bei Gott willkommen sind. Man könnte auch sagen, es geht darum, eine „Willkommenskultur" aufzubauen – wenn nicht dieses Wort in den vergangenen Jahren im Blick auf die Flüchtlinge und Asylsuchenden so ambivalent und umstritten geworden wäre.

> ➷ *Beim Verweilen vor der Eucharistie verbinde ich mit dem Atem das Wort: „Du bist da" – „Ich bin da".*
> ➷ *Eucharistisch leben heißt: Mich von der vollen Präsenz Jesu Christi berühren lassen und mich auf den Übungsweg begeben, von der Zerrissenheit zu aufmerksamer Präsenz hin zu wachsen, Gott und Menschen gegenüber.*

ZERBRECHLICH

Als wir vor einigen Jahren umgezogen sind, haben wir die Hostie, in der wir Sonntag für Sonntag Christus als gegenwärtig angebetet haben, miteinander geteilt. Wir haben sie gebrochen und jede hat ein Stück bekommen. Ein Ritus, der in jeder Eucharistiefeier seinen Platz in der Brotbrechung hat. „Brotbrechen", das war einer der ersten Namen für diese Feier (vgl. Apg 2,42.46; Apg 20,7). Am Brechen des Brotes erkennen die beiden Jünger auf dem Weg nach Emmaus den auferstandenen Herrn (Lk 24,35). Im Grunde ist es lediglich eine praktische Regelung, dass im „sonntäglichen (oder auch werktäglichen) Normalfall" einzelne Hostien vorbereitet sind und nur der Priester die große Hostie bricht. Von der Zeichenhaftigkeit her sollte das Brot eigentlich geteilt werden, wie es wohl auch in der Anfangszeit der christlichen Gemeinden Praxis war. Denn gerade in dieser Geste wird ein tiefes Geheimnis des christlichen Glaubens offenbar: Jesu Leben wird gebrochen, im Gedächtnis daran wird Brot gebrochen und geteilt – und genau so wird Leben, wird innere Sättigung möglich[123]. Ich darf immer wieder Eucharistiefeiern im kleinen Kreis erleben, wo genau das möglich ist. Hier berührt mich die Tiefe der Geste Jesu. Er gibt sich, indem das Brot gebrochen und der Wein geteilt wird. Mein Seelsorger aus der Jugendzeit pflegte in der Eucharistiefeier vor der Kommunion zu sagen: „Seht das Lamm Gottes, dessen Leben gebrochen wurde, damit unser Leben ganz wird."

Brot kann man brechen. Wein kann man verschütten. Gemäß den synoptischen Evangelien hat Jesus genau diese Zeichen gewählt, um seinen Jüngern und Jüngerinnen das Vermächtnis seiner Gegenwart zu schenken. Eine Gegenwart also im Zeichen des Verletzlichen, das eine besondere Sorgfalt braucht. Jesus stellt damit in den Stunden vor seinem Tod auch das Zerbrechliche seines menschlichen Lebens, das Zerbrechliche allen menschlichen Lebens vor Augen. Er wählt keine „ehernen" Zeichen, wie es ein Stein oder ein Metall wären. Nein, es sind Brot und Wein, Gaben der Schöpfung und der menschlichen Arbeit. Vergänglich, zerbrechlich, verwundbar. Manche geistliche Schriftsteller wie der heilige Alfons von Liguori sehen darin nach Menschwerdung und unehrenhaftem Tod am Kreuz einen weiteren Schritt in der „Selbstentäußerung" des Gottessohnes (vgl. Phil 2,7). Ziel dieses Liebeserweises ist für Alfons, dass Gott die Liebe des Menschen gewinnen will. Das Staunen darüber lässt ihn ausrufen:

> „Gott der Liebe, grenzenlos Liebender und würdig einer grenzenlosen Liebe … Gibt es noch etwas zu erfinden, um unsere Liebe an dich zu ziehen?"[124]

Im Gebet vor der Gestalt des Brotes steht mir mit Jesus auch die Fragilität meines eigenen Lebens vor Augen. In der Bewältigung des Alltags schieben wir diesen Gedanken oft beiseite, ja blenden ihn aus. Vielleicht „kränkt“ er uns sogar oder macht uns Angst. Hier, in der eucharistischen Anbetung, kann er in einer schützenden Atmosphäre präsent werden – verbunden mit dem Trost, dass in Jesus Christus Gott selbst in diese Verwundbarkeit hineingegangen ist, ich ihn also auch genau in ihr finden kann und nicht nur in Erfolg, Gesundheit und Stabilität. Jesus präsentiert sich in der zerbrechlichen Gestalt des Brotes und macht so deutlich, dass auch ich nicht immer groß und stark und unbeugsam sein muss. Wie er für den Glaubenden in diesem Zeichen da ist, so darf ich mich hier vor ihm in all meiner Verletzlichkeit, Vergänglichkeit und Begrenztheit zeigen. Hier ist sozusagen ein „sicherer Ort“, wo ich das zulassen und auch einüben kann, wenigstens vor einigen Menschen keine Maske der Stärke aufsetzen zu müssen. Hier darf ich gewiss sein, dass Gott mit meiner Fragilität sorgsam umgeht. Ich darf es auch hoffen von Menschen, die mir gutgesinnt sind. Gleichzeitig gilt es natürlich auch, mich zuweilen zu schützen. Ich muss nicht überall allen alles von mir zeigen. Aber es ist gut, Orte und Personen zu haben, wo ich es tun kann. Das Gebet vor dem in der Eucharistie gegenwärtigen Christus ist solch ein Ort.

Im Februar 2017 hat Prinz Harry von Großbritannien eine bemerkenswerte Ansprache vor einer Institution gehalten, die sich für psychische Gesundheit einsetzt. Dabei sagte er:

> „Ich habe zu viele Menschen getroffen, die zu lange gewartet haben, über ihre Probleme zu reden. Ich habe Menschen getroffen, die eher daran gedacht haben, sich das eigene Leben zu nehmen als auch nur etwas zuzugeben, das sie in den Augen der anderen schwach erscheinen lassen könnte. … Sie [angesprochen sind die

Zuhörenden, Anm. A.H.] brauchen es, dass die wichtigen Menschen in Ihrem Leben mehr von Ihnen kennen als gerade nur die Fassade. Aber wählen Sie die Leute, denen Sie sich öffnen, gut aus.“[125]

Ich meine, dass dies nicht allein für die Frage der psychischen Gesundheit gilt, sondern überhaupt für unser Leben mit seinen Stärken und Schwächen. Die Feier von Tod und Auferstehung Jesu in der Eucharistie und der Blick auf Jesus, gegenwärtig im zerbrechlichen Brot und im zerrinnenden Wein, können mich ermutigen, mein Leben mit seinen Brüchen anzunehmen – und auch mit dem gebrochenen Leben anderer achtsam und respektvoll umzugehen.[126]

Aber ich möchte noch einen Schritt weitergehen. Es gibt so vieles, das seine Schönheit gerade aus der Fragilität herleitet: der Flügel eines Schmetterlings, die verknitterten hauchzarten Blätter des Klatschmohns, eine fein geblasene Glaskugel, ein Spinnennetz im Sonnenlicht, eine filigran gearbeitete Schale aus Ton, der zarte Klang eines Gongs und vieles mehr. Demgegenüber stehen das Plumpe, das Grobe, das Aufdringliche, Schrille und Laute. Gleichwie das Feste, Stabile, Unerschütterliche zu faszinieren mag, hat das Fragile etwas Anziehendes. Übrigens: In der Liturgie steht der Altar für diese Unerschütterlichkeit und Festigkeit, das Brot der Eucharistie und der flüssige Wein stehen für die Qualität des Zerbrechlichen und des Zärtlichen, das sich nicht aufdrängt.

Kein Wunder also, dass die Kirche diese Verwundbarkeit der eucharistischen Gestalten durch unterschiedliche Regelungen geschützt hat. Sie hat sie so dem einfachen „Zugriff“ entzogen. Auch das hat für mich eine tiefe Bedeutung und Botschaft: Wer Christus in dieser Gestalt des Brotes (und Weines) verehrt, ist eingeladen, auch mit der Zerbrechlichkeit seiner Mitmenschen (und seiner eigenen) sorgsam umzugehen, denn es handelt sich um den Bruder, um die Schwester, „für die Christus starb" (Dietrich Bonhoeffer). Es liegt so manches Mal die Versuchung in uns Menschen, gerade die schwachen Seiten der anderen auszunutzen, sie gerade dort „anzugreifen", wo sie verletzlich sind. Wer Christus in der Eucharistie verehrt, darf auch um Sorgsamkeit im Umgang mit den Mitmenschen (und sich selbst) bitten, darf darum bitten, die „Geister" bei sich gut zu unterscheiden und der Versuchung zum „Angriff" zu widerstehen. Dies mag dann nicht nur für das Leben unter uns Menschen gelten, sondern auch in der Beziehung zur ganzen Schöpfung. Daraus kann eine Achtung für das Kleine und Unscheinbare, das Feine und Zarte wachsen und das Bedürfnis, es zu schützen.

↳ *Beim Verweilen vor der Eucharistie verbinde ich mit dem Atem das Wort: „Du, Brot gebrochen für mich" oder „Gebrochenes Brot – zärtliche Gegenwart".*

↳ *Eucharistisch leben heißt: Die Spuren Gottes im Kleinen und Zerbrechlichen entdecken und hüten. Mich voll Ehrfurcht der Verwundbarkeit meiner Mitmenschen zuwenden, ihr mit Respekt begegnen und sie schützen. Zu meiner eigenen Fragilität stehen und sie in Gottes Hände legen.*

OFFENBAR VERBORGEN – VERBORGEN OFFENBAR

Im Jahr 2010 war ich zu einer kurzen Sabbatzeit in Hawkstone Hall/England. Das Haus, in dem unser Kurs stattfand, war ein altes Herrenhaus, das von den Redemptoristen einige Jahre als Ausbildungsstätte und dann als Exerzitien- und Bildungshaus genutzt wurde. In der Kirche des Klosters hing ein Tabernakel, der mir anfangs fremd war, sich dann aber tief eingeprägt hat. Ungewohnt: ein weißer Tabernakel, vielleicht kein großes Kunstwerk. Die Formgebung erinnerte an ein Stück Stoff, das gerade zurückgeschlagen wird und auf der anderen Seite brüchig ist, so dass man hindurchsehen kann. Dort schimmerte die Monstranz durch. Mich erinnert dieser Tabernakel auch an die Geschichte der eucharistischen Verehrung. Denn wie wir ja gesehen haben, war es für die Gläubigen des Mittelalters zunächst ganz und gar nicht selbstverständlich, den Leib Christi „enthüllt" zu sehen. Im Gegenteil: die Verhüllung war das Gegebene. Bis heute spielt dies in den ostkirchlichen Liturgien eine Rolle, wenn z.B. der Vorhang bei der Anaphora, dem Hochgebet, geschlossen wird. Die Westkirche hat sich seit dem Mittelalter mehr auf die Ent-hüllung, das Zeigen, hinbewegt. Das war das Neue, das zwar viele Menschen sofort ansprach, sich aber erst nach und nach durchsetzen musste.

Mit den beiden Polen „offenbar" und „verborgen" spielt auch der berühmte Hymnus „Adoro te devote" von Thomas von Aquin, den dieser für das zu seiner Zeit eingeführte Fronleichnamsfest geschrieben hat. Er spricht hier gleich zu Beginn von der „latens Deitas", der verborgenen Gottheit, und der „vere latitas", der wahrhaftigen Verborgenheit. Raniero Cantalamessa paraphrasiert den zweiten Ausdruck in folgender Weise:

> „Der lateinische Ausdruck *vere latitas* ist außerordentlich bedeutungsreich. Er besagt: Du bist verborgen, aber wirklich da (wo der Akzent auf dem *vere*, auf der Wirklichkeit der Gegenwart liegt), und er besagt auch: Du bist wirklich da, aber verborgen (so der Akzent auf *latitas*, auf dem sakramentalen, durch die Zeichen vermittelten Charakter dieser Gegenwart liegt)."[127]

Auch der Tabernakel in Hawkstone Hall spielt mit dieser Polarität von Verborgenheit und offenbarer Gegenwart. Die sich daraus ergebende Spannung ist wichtig für einen Zugang zur Eucharistie. Was wir in der Westkirche „Sakramente“ nennen, nennt die Ostkirche „Mysterien“. Eucharistie ist ein Mysterium, ein Geheimnis. Und Eucharistie ist Sakrament, ist Zeichen, das offenbart. Wenn ich an die neue Bewegung der eucharistischen Anbetung denke, dann wird hier das Geheimnisvolle wieder stark betont und z. B. durch die umgebende Atmosphäre – Kerzenlicht im Dunkeln und Weihrauch – herausgestellt. Doch was wird eigentlich offenbar in diesem Geheimnis? Der heilige Alfons – ein Meister des direkten und indirekten Zitierens, oft an der Grenze zum Plagiat! – verschränkt hier das Fronleichnams-Gedicht des Thomas von Aquin (den er nicht zitiert) mit einer Aussage von Bernhard von Clairvaux (den er ausdrücklich nennt). Heraus kommt ein kurzer Merksatz, der zu denken gibt:

> „Verborgen ist die Gottheit, verborgen ist die Menschheit, nur das Herz [wörtlich: die Eingeweide, das Innerste, der Mutterschoß] der Liebe wird offenbar: *Latet divinitas, latet humanitas, sola patent viscera caritatis.*“[128]

Offenbar wird die Liebe gerade dadurch, dass etwas verborgen wird und nur in der frei lassenden und zurückhaltenden Weise des Zeichens da ist. Christi Gegenwart ist keine plumpe, grelle, sie drängt sich nicht auf. Es ist geradezu eine „arme“ Gegenwart, eine schwache Präsenz, die des aufmerksamen Blicks bedarf, der bereit ist, tiefer zu schauen. Bischof Manfred Scheuer berichtet in einem Vortrag von einem Jugendlichen, der von der Eucharistie als einer „enttäuschenden Angelegenheit“ spricht. Ein oberflächliches Sehen nimmt nichts anderes wahr als ein kleines, dünnes Stück Brot, einen Schluck Wein. Erst der gläubige Blick dringt durch die arme äußere Hülle der Gestalt hindurch und sieht die Liebe, die in der Verborgenheit sich anbietet, eine Liebe, die sich nicht aufdrängen will und gerade als solche angenommen werden will.

Die eucharistische Anbetung erinnert uns daran, dass die Spannung von Verborgenheit und Offenbarkeit unsere ganze Beziehung zu Gott durchdringt als eine Art durchgehender Grundmelodie. „Das Sakrament weist über sich selbst hinaus und macht aufmerksam auf andere Orte der verborgenen Gegenwart Christi.“[129] Es ruft uns ins Gedächtnis, dass wir Gott über Zeichen „auf die Spur“ kommen können, dass er aber uns nie ganz zuhanden ist, sondern „wahrhaftig ein verborgener Gott“ ist und bleibt und gerade so Retter ist (vgl. Jes 45,15). So kann eucharistische Anbetung in uns die Sensibilität wecken für das, was sich noch verhüllt zeigt, sich jetzt nur erahnen lässt. Sie macht uns sensibel für das Geheimnis und für die Tiefendimensionen des Lebens. Jan-Heiner Tück spricht von der „Anwesenheit eines Abwesenden“ und zitiert Joseph Ratzinger:

> „Christus ist da und er ist doch der Verborgene; er ist der Nahe und doch der ganz-Andere, der sich Gewährende und doch der, über den man nicht verfügt, der vielmehr über uns verfügt.“[130]

Im Blick auf unser Leben und Handeln mag das heißen, dass wir uns zuweilen um der Liebe willen zurücknehmen. Es gibt eine Art der Zuwendung und des Helfens, die übergriffig, ja geradezu brutal ist. Die Eucharistie zeigt uns, dass Jesu Liebe von anderer Art ist. Sie drängt sich nicht auf, aber ist offen da und bereit, sie setzt Zeichen, die von den Menschen ergriffen oder auch abgelehnt werden können. Die Eucharistie ruft uns zu einer „keuschen“ Liebe[131], die die Grenzen der anderen wahrt und nicht aufdringlich ist. Es ist eine Liebe, die frei lässt und gleichzeitig nicht aufhört, Bereitschaft zu signalisieren. Sie ist eine stille Ressource, auf die jemand zurückgreifen kann, wenn es für ihn oder sie Zeit ist. Nicht (nur), wenn es für mich, der ich Hilfe anbiete, Zeit ist.

In der Nachfolge Jesu könnte das auch heißen, in der Evangelisierung jene Wege zu wählen, die von anderen beschritten werden können – so wie in Jesus Christus Gott uns auf menschliche Weise nahegekommen ist, einer von uns geworden ist; so wie Jesus in einfachen Gesten, die verstanden wurden, das Reich Gottes den Menschen seiner Zeit verkündigt hat; so wie Jesus Christus in der Eucharistie das schwache und doch so wirkmächtige Zeichen der Nahrung, Brot und Wein, wählt. Die Mittel und Wege, Gottes erlösende und befreiende Liebe auch heute zu verkünden, passen sich denen an, denen die Botschaft gilt, nicht umgekehrt.

↬ *Beim Verweilen vor der Eucharistie verbinde ich mit dem Atem das Wort: „Verborgener Gott – offenbare Liebe" oder „Geheimnis Christi, öffne dich (für mich)" (vgl. GL 2013, Nr. 675,7).*

↬ *Eucharistisch leben heißt: Ein Mensch sein, der das Geheimnis achtet – das Geheimnis Gottes und der Mitgeschöpfe. Ein Mensch sein, der achtsam ist auf die Spur Gottes in den kleinen und schwachen Zeichen. Eucharistisch leben heißt, eine helfende Hand anbieten, ohne sich aufzuzwingen oder Hilfe überzustülpen. Und warten können.*

HINGEGEBEN, DURCHKREUZT UND DURCHGEKOMMEN

In vielen Hostien, heute eher in den großen Hostien, die dann auch in die Monstranz eingesetzt werden, ist ein Symbol eingeprägt. Neben dem Christusmonogramm ist es oft das Kreuz, manchmal sogar ein Kruzifix. Auch im Brot der Kirchen der byzantinischen Tradition, der so genannten Prosphore, wird das Zeichen des Kreuzes sichtbar. Die byzantinische Liturgie nennt das Messer, mit dem „das Lamm" (der innere Teil der Prosphore) herausgeschnitten wird, „Lanze" und verweist damit auf den Soldaten, der gemäß dem Johannesevangelium dem toten Jesus eine Lanze in die Seite stieß, aus der „Blut und Wasser" herausflossen (vgl. Joh 19,34). Diese Stelle ist von alters her ein Bild für die Eucharistie als Gedächtnis von Tod und Auferstehung Jesu Christi. Das alles ist ein unmissverständlicher Hinweis auf die Verbindung der Eucharistie mit der Lebenshingabe Jesu Christi am Kreuz. So ist es ein tiefes Symbol, wenn in der eucharistischen Anbetung zusammen mit der Hostie auch das Zeichen des Kreuzes vor Augen steht. Es zeigt an, dass es sich um den *hingegebenen* Leib und dementsprechend um das *vergossene* Blut Christi handelt. Jesus Christus und seine Hingabe bis hinein in einen gewaltsamen Tod stehen hier vor Augen. Manchmal nehmen auch Monstranz oder Ostensorium das Zeichen des Kreuzes auf und umgeben damit die Hostie. In unserer Hauskapelle ist der Tabernakel in ein großes Holzkreuz als dessen Zentrum und Herz eingefügt.

In der Eucharistie laufen verschiedene Bewegungen der Hingabe bzw. Übergabe zusammen.[132] Die erste Bewegung ist die des Vaters, der seinen Sohn „für uns alle hingegeben" hat (vgl. Röm 8,32) und damit – so paraphrasiert Raniero Cantalamessa – „sich selbst nicht verschont"[133] hat. Das eucharistische Brot ist Jesus als der vom Vater an die Welt, an uns Menschen Hingegebene. Ich denke da an die eindrückliche Darstellung in der Form des so genannten „Gnadenstuhls", bei dem meist Gott, der Vater, den toten Sohn in Händen hält. Der Gesichtsausdruck des Vaters zeigt meist, wie sehr dieser selbst betroffen ist und sich eben „nicht geschont" hat.

Die zweite Bewegung ist die der Selbsthingabe des Sohnes bis hinein in den schmählichen Tod am Kreuz, die Rück-Gabe seines Lebens in die Hand des Vaters (vgl. Lk 23,46). Er hat sein Leben buchstäblich „durchkreuzen" lassen aus Liebe zu Gott und den Menschen und als Ausdruck der Treue zur ihm vom Vater übertragenen Sendung. In der Eucharistie werden „Brot und Wein … die realisierenden Zeichen der Selbsthingabe Jesu, wir empfangen in ihnen wirklich seine für uns gebrochene und vergossene Existenz, ihn selbst“, schreibt Alexander Gerken[134]. So werden sie zu Zeichen der Liebe Gottes des Vaters und der Liebe des Sohnes zu uns Menschen.

Ein Zeichen, eine Hingabe, eine Gabe, kommen erst zur Vollendung, wenn sie angenommen werden. Im Blick auf die Eucharistie geschieht das zum einen im gläubigen Empfang der Kommunion, zum anderen immer dort, wo wir die Dimensionen des Geistes und des Herzens für ihr Geheimnis öffnen. In der Verehrung der Eucharistie außerhalb der Messe wird das heißen, dass wir uns von der Liebe Gottes betreffen lassen, die bis zur (Selbst-)Auslieferung Jesu in den Tod gegangen ist, und darüber nach-denken, um über die Eucharistiefeier hinaus Danksagung zu halten. Damit unsere Verehrung des Leibes Christi keine leere Hülse bleibt, wird es notwendig sein, dass wir selbst je mehr in die Haltung der Hingabe Jesu hineinwachsen und lernen, unser Leben für die Brüder und Schwestern einzusetzen und auch Gott gegenüber eine Haltung der Hingabe einzuüben. Unsere physische Gegenwart vor den eucharistischen Gestalten, unsere Bereitschaft, Zeit dafür zu nehmen, kann ein erster Schritt sein, unseren Willen zur Hingabe und zur Gemeinschaft mit Gott zu bezeugen.

Das Kreuz, ein brutales Folterinstrument, ist den Christen bald zum Siegeszeichen geworden. Die ersten Kreuze zeigen deswegen nicht den gequälten Leib Jesu, sondern sind z. B. mit edlen Steinen geschmückt. Das Todeszeichen Kreuz ist zum Zeichen geworden, das über den Tod hinaus ins Leben weist. Die Rede von der Hingabe Jesu in den Tod am Kreuz ist gleichzeitig eine Chiffre für das gesamte Geschehen von Leiden, Tod und Auferstehung Jesu, das uns in der Eucharistie sakramental gegenwärtig ist. Im Vertrauen auf diesen

Durchgang und Übergang, dieses „Pascha“ Jesu, in dem sich die Treue des Vaters ausdrückt, können auch wir hoffend das Leben in seiner ganzen Zweideutigkeit wagen.

Leider muss aber hier noch etwas ergänzt werden: Das Verständnis des Kreuzes als Siegeszeichen hat im Lauf der Geschichte, angefangen mit der so genannten konstantinischen Wende im 4. Jahrhundert, auch dazu geführt, dass Menschen gerade im Zeichen dieses Kreuzes unterdrückt wurden. Das ist ein „Skandalon“, eine völlige Verkehrung der gewaltfreien Lebenshingabe Jesu. Oder anders gesagt: Hier zeigt sich eine dritte Dimension von *traditio*, von Übergabe und Weitergabe. Nämlich die Dimension des Verrats.[135] Die Botschaft vom Kreuz wurde weitergegeben über den ganzen Erdkreis hinweg – oft genug aber nicht erlösend und befreiend, sondern unterdrückend; nicht gewaltfrei, sondern äußerst gewalttätig. Das ist letztlich Verrat an der Selbstüberlieferung Jesu. Geht es zu weit zu sagen, dass, wer Eucharistie feiert und sie auch außerhalb der Messe verehrt, sich entschieden einzulassen hat auf einen Weg der Gewaltfreiheit auf allen Ebenen: im Zusammenleben, in der Weitergabe der Botschaft, ja auch sich selbst gegenüber? Sich einzulassen auf den Weg Jesu, der ja gerade keine übliche Siegergeschichte ist? Sich einzulassen auf den Verzicht zurückzuschlagen? Gleichzeitig ist klarzustellen, dass damit nicht gemeint ist, dass jemand sich einfach alles gefallen lässt. Das hat auch Jesus nicht getan. Aber er hat eben seine Position und Botschaft nicht mit allen Mitteln durchsetzen wollen – wohl in dem Bewusstsein, dass er sie gerade dadurch verfälschen und verraten würde.

Vielmehr hat er sein Leben „durchkreuzen“ lassen. In diese Bereitschaft können und sollen auch alle, die Eucharistie feiern und betend vor ihr verweilen, hineinwachsen. Es ist der Verzicht darauf, alles selbst in der Hand behalten zu wollen und sich gegen jedwede Unbill und Veränderung zu schützen (was ja gar nicht geht). Im Glauben an Jesus Christus und seinen Weg kann dabei auch das Vertrauen wachsen, dass „durchkreuztes" Leben eben österlich verwandeltes Leben wird und letztlich zur Fülle führt (vgl. Joh 10,10).

> *Beim Verweilen vor der Eucharistie verbinde ich mit dem Atem das Wort: „Hingegeben für mich", „hingegeben für uns" oder „Deinen Tod, o Herr, verkünde ich und deine Auferstehung preise ich" (vgl. den Text der Liturgie).*
>
> *Eucharistisch leben heißt: Ein Mensch werden, der im Vertrauen auf Gott zulässt und aushält, dass sein Leben durchkreuzt wird, dass es Scheitern und Misslingen gibt. Ein Mensch jedoch, der sich dadurch nicht von der Hoffnung auf neues Leben abbringen lässt. Eucharistisch leben im Zeichen des Kreuzes heißt, ein Mensch zu werden, der sich immer wieder neu für Gewaltverzicht und gegen den Einsatz von unterdrückerischer Gewalt entscheidet, im Kleinen und im Großen, im Denken, Reden und Handeln. Und nicht zuletzt ein Mensch zu werden, der selbst bereit ist, sein Leben für andere einzusetzen und der im Bewusstsein lebt, dass der/die Andere die Schwester, der Bruder ist, „für den Jesus starb" (Dietrich Bonhoeffer).*

GEISTVOLL UND HOFFNUNGSVOLL

In der Liturgie ruft der Priester den Geist Gottes auf die Gaben von Brot und Wein herab und spricht: „Heilige unsere Gaben durch deinen Geist, damit sie uns werden Leib und Blut deines Sohnes, unseres Herrn Jesus Christus, der uns aufgetragen hat, dieses Geheimnis zu feiern" (3. Hochgebet). Dieser Geist „verflüchtigt" sich nicht etwa nach den Wandlungsworten, sondern bleibt dem eucharistischen Brot und Wein eigen. Deshalb kann Papst Johannes Paul II. in der Enzyklika *Ecclesia de Eucharistia* (2003) Ephräm, den Syrer, (ca. 306–373) zitieren und schreiben:

> „Durch die Teilhabe an seinem Leib und an seinem Blut teilt Christus uns auch seinen Geist mit. Der heilige Ephräm schreibt: ‚Er nannte das Brot seinen lebendigen Leib, er erfüllte es mit sich selbst und mit seinem Geist. [...] Und der, der es mit Glauben isst, isst Feuer und Geist. [...] Nehmt davon, esst alle davon und esst mit ihm den Heiligen Geist. Es ist wirklich mein Leib und der, der ihn isst, wird ewig leben'. ... So lässt Christus durch die Gabe seines Leibes und seines Blutes in uns die Gabe seines Geistes wachsen, der uns schon in der Taufe eingegossen und im Sakrament der Firmung als ‚Siegel' geschenkt wurde." (Nr. 17)

Der Redemptorist Franz-Xaver Durrwell bringt es so auf den Punkt: „In der Kraft des Geistes wird die Eucharistie gefeiert, und die Kraft des Geistes wird durch die Eucharistie in der Kirche verbreitet."[136] Es ist derselbe Geist, der Zeugnis für den Sohn gibt (vgl. Joh 14,26), der Geist, der in der Auferweckung Jesu wirkt (vgl. Röm 1,4). So ist Eucharistie nicht nur Gedächtnis von Leiden und Tod Jesu, sondern ebenso österliches Sakrament, Sakrament der Auferstehung. „Gedächtnis" meint im Umfeld der Eucharistie nie nur eine Erinnerung an ein vergangenes Ereignis. Vielmehr „kommuniziert" dieses Ereignis der Vergangenheit mit denen, die heute leben und dessen Gedächtnis begehen. Sie werden hineingezogen. Heute sind sie es, die angesprochen und gemeint sind.[137]

Da die eucharistische Anbetung „Verlängerung" und Vertiefung der Eucharistiefeier ist, schwingt der österlich-pfingstliche Aspekt in ihr mit. So ist sie die Einladung, den Geist „der Kraft, der Liebe und der Besonnenheit" in uns neu zu entfachen (vgl. 2 Tim 1,7) und uns an den Geist zu erinnern, der uns in Taufe und Firmung verliehen wurde. Das Brot, von dem wir glauben, dass es durch die Kraft des Geistes Christi Leib ist, macht die verwandelnde und belebende Macht des Geistes für uns manifest. Hier können wir uns gewissermaßen „erfrischen“, wenn wir müde geworden sind. Richard Tobin, ein irischer Redemptorist, schlägt folgendes Gebet in seinen „Besuchungen des Heiligsten Sakraments für das 21. Jahrhundert“ vor:

> „Herr meines Lebens … deine erste Gabe an uns als Auferstandener war der Heilige Geist. ‚Empfangt den Heiligen Geist‘ hast du zu deinen Jüngern gesagt, und du hast sie angehaucht und in sie hinein dabei den heiligen Lebensatem ausgehaucht. Von der Eucharistie her schenkt dein Geist weiterhin der Welt Leben. Ich bin hierhergekommen, um durch deinen Geist erfrischt zu werden, damit all das, was in mir tot ist, wieder auflebt, damit all das, was in mir verdorrt ist, wieder zu grünen beginnt, damit all das, was in mir sündig ist, weggewaschen wird. Ich bin gekommen und will in Ruhe sitzen bleiben, um gefüllt zu werden.“[138]

Vielleicht liegt hier der Grund, dass immer noch viele Menschen – Junge und Alte – die Nähe des eucharistischen Sakraments suchen. Vielleicht spüren sie instinktiv, welche Belebung und Erneuerung von hier ausgeht. Vielleicht denken sie nicht so sehr an den Heiligen Geist, aber sie spüren seine Stärkung. „Herr, füll mich neu mit deinem Geiste, der mich belebt und zu dir mein Gott hinziehet. Hier bin ich vor dir, leer sind meine Hände, Herr, füll mich ganz mit dir“, so heißt es in einem Lied der ökumenischen Kommunität Jesus-Bruderschaft in Kloster Gnadenthal.

So zum Leben angestiftet und erfrischt kann sich der Beter, die Beterin auf den Weg hinein in den Alltag des Lebens machen, um auch dort „im Geist zu wandeln“ (vgl. Gal 5,25), sich vom Geist Gottes führen und sein/ihr Leben verwandeln zu lassen. So können die Früchte des Geistes – Liebe, Freude, Friede, Langmut, Freundlichkeit, Güte, Treue, Sanftmut und Enthaltsamkeit (vgl. Gal 5,22f) und, nicht zu vergessen, Freiheit (vgl. 2 Kor 3,17) – wachsen. Das Verweilen vor den eucharistischen Gaben kann im Licht des Heiligen Geistes hellsichtig und sensibel machen für die Spuren Gottes, für die Spuren Christi und seines Geistes auch dort, wo sie nicht so offensichtlich und eindeutig sind.[139]

Dieses Vertrauen auf den Heiligen Geist lässt mich manche Dinge in meinem Leben mutig anpacken. Es lässt mich leben und offen sein für Veränderungen. Es lässt mich nach vorne schauen und reich werden „an Hoffnung in der Kraft des Heiligen Geistes“ (Röm 15,13). Ein solches Leben aus der Hoffnung hat ganz konkrete Auswirkungen: Hoffnung lässt Fehler eingestehen und lässt Kritik zu, weil sie weiß und akzeptiert, dass nicht alles perfekt ist. Einer (Un-)Kultur des Jammerns miteinander und übereinander lässt sie keinen Raum. Als Hoffende können Menschen „dranbleiben“, auch wenn sich das Angestrebte nicht gleich erfüllt. Hoffnung befreit zum Lachen über sich selbst und zur Vergebung. „In der Vergebung befreit die Hoffnung die Vergangenheit von ihrer Last und öffnet das Tor zur Zukunft.“[140] Die Hoffnung richtet mich also nach vorne aus und hilft mir, meine Energien nicht nach hinten zu binden. Zu ihr gehört die Großmut, lat. *magnanimitas* – das Sich-Spannen des Geistes auf das Große, und damit ein Schritt aus dem Kleinklein des Alltags heraus und ebenso aus der Angst um sich selbst und das eigene Wohlergehen. Mit einem platten Optimismus, dass schon alles gut gehen wird, ist die Hoffnung, die der Geist schenkt, nicht zu verwechseln. Sie ist vielmehr, so Tomáš Halík, „eine Kraft, die auch eine Situation auszuhalten vermag, in der sich diese Annahme [dass alles gut ausgehen werde] als Illusion erwiesen hat"[141]. In dieser Art Hoffnung auf seinen Vater konnte sich Jesus im Abendmahl den Seinen als Gabe geben und schließlich sein Leben am Kreuz hingeben – ohne Angst sich zu verlieren. Denn christliche Hoffnung greift über den Horizont dieses Lebens hinaus in das ewige Leben Gottes hinein. Mit dem Geist, der Brot und Wein in Leib und Blut Christi verwandelt, ist diese leuchtende Hoffnung auch präsent, wenn wir vor den eucharistischen Gestalten beten.

↳ *Beim Verweilen vor der Eucharistie verbinde ich mit dem Atem das Wort: „Herr, verwandle mich durch deinen Geist" oder „Erfülle mich mit Hoffnung".*

↳ *Eucharistisch leben heißt: Ein Mensch sein, der sich vertrauensvoll auf Veränderungen einlassen kann. Der zwar weiß, dass er in der Vergangenheit verwurzelt ist, sich aber nach vorne hin ausrichtet und die nötigen Schritte tut. Ein Mensch, der sich nicht im Kleinkram des Alltags verliert und verbeißt, sondern auf ein größeres Ganzes ausgerichtet bleibt und von hierher seine Handlungen bestimmen lässt. Eucharistisch leben bedeutet, aus einer Hoffnung zu leben, die sich nicht auf vordergründige Erwartungen stützt, sondern eine weit gespannte, über den Tod hinausgehende Hoffnung ist.*

BEDANKT – GEDANKT

Die drei synoptischen Evangelien Matthäus – Markus – Lukas sind in diesem Punkt eins mit dem „Bericht" des Paulus im ersten Korintherbrief: Jesus nimmt Brot und Wein „dankend" in die Hand (Mk 14,22–25 par vgl. 1 Kor 11,23–26). Hier und auch an anderen Stellen im Zusammenhang mit Speisen (Joh 6,11; Mt 15,36; Mk 8,6) steht das griechische Wort, das sich als Name der zentralen Feier der Christen durchgesetzt hat: *eucharistein*, danken. Eucharistie. In guter jüdischer Tradition teilt Jesus Brot und Wein nicht aus, ohne Gott gepriesen und ihm gedankt zu haben. In den liturgischen Texten wird dieses Motiv des Dankes jedes Mal aufgenommen, wenn der Priester die Worte des so genannten Einsetzungsberichtes spricht: „... nahm er das Brot und sagte Dank“, „... nahm er nach dem Mahl den Kelch, dankte wiederum“. Mag sein, dass diese kleinen Worte oft unbemerkt bleiben, im Fluss des Sprechens überhört werden. Und doch sind sie zentral. Die biblischen Texte, auf die sie zurückgehen, sprechen hier nicht einfach von einem einmaligen Akt der Dankbarkeit Jesu. Es ist wohl auch nicht ein schlichtes „Danke“ für die Gaben von Brot und Wein gemeint. Vielmehr bündeln die Evangelisten und Paulus hier Jesu lebenslange Grundhaltung des Dankes Gott gegenüber. Er hält sie auch in dieser Stunde des sich ankündigenden gewaltsamen Todes durch und lässt sich darin nicht beirren. Er weiß um seine Heimat in Gott, er weiß um das, was ihm der Vater gegeben hat und nicht aufhört zu geben (vgl. Joh 13,3). In dieser Haltung gibt er ihm alles zurück und gibt es hin für das Leben der Menschen.

Die theologisch-historische Kommission für das Jahr 2000 hielt dies sogar so fest: Das Gebet, „das Christus in diesem Moment an den Vater richtet, [ist] von der ganzen Kraft der Danksagung durchdrungen, die Jesu Seele schon vorher erfüllt hatte“[142]. Und: „Die Danksagung wird als wirksame Anrufung betrachtet, dank derer Brot und Wein zum Leib und Blut Christi werden.“[143] Die Eucharistiefeier ist (auch) dazu da, in denen, die daran teilnehmen, „die Einstellung des Dankens“ zu fördern. Und ganz realistisch heißt es dann, dass neben der Feier „weitere Bemühungen nötig“ sind, „um Gedanken, Empfindungen und Verhaltensweisen anzuregen, die in direkter Beziehung zur Danksagung stehen“[144]. Dazu gehört sicher auch die Zeit eucharistischer Anbetung. Für beides – Feier und Verehrung außerhalb der Messe – gilt dann:

„‚Eucharistie‘ darf nicht einfach eine Bezeichnung sein, in diesem Falle der Name eines Sakramentes; sie muss vielmehr zu einer Realität werden, die in allen Bereichen des Lebens und Verhaltens ihren Ausdruck findet. Es ist die Realität, die sich in Jesus herausbildete, und die die Denk- und Lebensart derer prägen muss, die an ihn glauben.“[145]

Im Blick auf das letzte Mahl Jesu mit seinen Jüngern zeigt sich, dass Dankbarkeit im Tiefsten nicht einfach eine Reaktion auf aktuelle Wohltaten ist oder nur in Zeiten gelebt werden kann, in denen alles rund läuft und gut geht. Wie bei Jesus hat sie sich in Augenblicken der Prüfung zu bewähren und kommt erst dort zu ihrer vollen Blüte. Sie ist dann nicht nur auf Vergangenheit und Gegenwart ausgerichtet, sondern auch auf die Zukunft. Denn sie richtet sich auf den Gott, von dem der Mensch die Überwindung des Bösen erhofft. Im Blick auf Jesus wird dabei deutlich, dass dies nicht einen Weg an Leiden und Tod vorbei bedeutet, sondern genau da *hindurch* (vgl. Phil 2). Ein Ausdruck der Dankbarkeit Gott gegenüber ist es deshalb, in der Nachfolge Jesu wie er das Leben einzusetzen, sich hineinzugeben, auch in Schwierigkeiten und Leiden. Unsere Dankbarkeit lebt aus der Teilhabe an der Dankbarkeit des menschgewordenen Sohnes Gottes dem Vater im Himmel gegenüber. Gebet und Leben werden so von der Kraft der Danksagung durchdrungen.[146]

Der verweilende Blick auf das kleine Stück konsekrierten Brotes, das in der eucharistischen Anbetung vor unseren Augen steht, vermag diese Grundhaltung der Dankbarkeit in uns zu vertiefen. Die Schlichtheit und Einfachheit der Hostie weist uns darauf hin, das Kleine und Unscheinbare nicht zu übersehen, es nicht als selbstverständlich Gegebenes abgestumpft hinzunehmen. Staunen zu können, sich ein kindliches Herz dafür zu bewahren, ist eine unumgängliche Voraussetzung dafür. Staunen und Danken – vor der Eucharistie, über mein eigenes Dasein und in den alltäglichen Beziehungen, Begegnungen und Ereignissen meines Lebens. Verwandt ist der Dank auch mit dem Lob, das Ausdruck der Freude und des Staunens über Gott selbst ist:

> „Die tiefste Ebene der Dankbarkeit wird berührt, wenn ein Mensch dafür dankt, dass Gott ist, wie er ist. Es sei … an den Text des ‚Gloria' erinnert: ‚Wir danken dir; denn groß ist deine Herrlichkeit.'"[147]

Marianne Schlosser, von der dieses Zitat stammt, erinnert auch daran, dass Gott weder unseres Dankes noch unseres Lobes bedarf – was nicht heißt, dass er sich nicht danach sehnen würde. So heißt es auch in der Präfation für die Wochentage IV: „Du bedarfst nicht unseres Lobes, es ist ein Geschenk deiner Gnade, dass wir dir danken". Unser Dank ist Geschenk der Gnade Gottes an uns! Wenn und wo wir danken, verwirklichen wir unsere Berufung als Christen und Christinnen, als Geschöpfe Gottes und finden zu uns selbst.

Dankbarkeit heißt dann auch gewiss nicht, dass hier ein Tauschhandel mit Gott angestrebt wird, wie wir ihn zuweilen unter uns Menschen betreiben: Du gibst – ich danke – damit du wiederum gibst usw. Vielmehr macht der Dank *unser* Leben reicher, wir selbst sind es, die davon profitieren. Denn erst mit dem Dank kann das Gute wirklich bei uns ankommen und nachhaltig in uns wirken, scheinbar Kleines wird dadurch in helles Licht gestellt und kann seine ganze Wirkkraft entfalten. Dankbarkeit ist ein „Gegengift zum Groll", der sich zuweilen in unserem Herzen einnisten will.[148] Und so wird noch einmal wahr, dass sich im Dank Verwandlung ereignet.[149] Einer, der solche Lebenshaltung vorgelebt hat, war der verstorbene Prior von Taizé, Frère Roger Schutz. Ein Wort von ihm begleitet mich schon viele Jahre. Es hat hier seinen Platz:

„Wer sich entschlossen Christus überlassen und ihm das ganze Leben geben will, hat eine Entscheidung zu treffen, die Entscheidung, sich Gott gegenüber von grenzenloser Dankbarkeit erfüllen zu lassen. Sie macht empfänglich für den Geist des Lobpreises.“[150]

Diese Haltung der Dankbarkeit verwirklicht sich nicht nur Gott gegenüber, sondern findet auch in der Beziehung zu den Mitmenschen ihren Widerhall. Danke sagen ist wertschätzendes Entgegennehmen dessen, was mir von anderen an Zuwendung, Hilfe, Freundschaft, Liebe, Unterstützung angeboten wird. Dankbarkeit bereichert das Miteinander. An ihr wird sichtbar, dass das Reich Gottes bereits – samengleich – mitten unter uns lebendig ist und wir an seine Wirksamkeit glauben. Nicht umsonst findet sich die Aufforderung zum Danken an vielen Stellen des Neuen Testamentes (vgl. 1 Thess 5,18; Kol 1,7; Eph 5,20). Der Apostel Paulus selbst betont an einigen Stellen seine Dankbarkeit für die Gemeinden (Phil 1,3; 1 Thess 1,2).

➭ *Beim Verweilen vor der Eucharistie verbinde ich mit dem Atem das Wort: „Ich danke dir“ oder „Nimm mich hinein in deinen Dank“.*

➭ *Eucharistisch leben heißt: Dankbarkeit Tag für Tag einüben, mit offenen Augen und Herzen durch das Leben gehen, Kleines und Unscheinbares wertschätzen und Gelungenes nicht für selbstverständlich nehmen. Aufkeimendem Groll und Bitterkeit bewusst und entschieden den Dank entgegensetzen. Und auch in Zeiten der Prüfung den Blick weiten über den Horizont hinaus in Gott hinein, der versprochen hat, einmal alle Tränen zu trocknen und Tod, Trauer, Klage und Mühsal zu überwinden (vgl. Offb 21,4).*

VERBUNDEN IM LEIB CHRISTI

„Empfangt, was ihr seid: Leib Christi. Seid, was ihr empfangt: Leib Christi.“ In dieser Form ist das Wort des heiligen Augustinus seit dem Zweiten Vatikanischen Konzil zum geflügelten Wort geworden, um die Eucharistie als Zeichen und Werkzeug der Einheit der Kirche zu charakterisieren. Es bezieht die beiden biblischen Kontexte aufeinander, in denen vom „Leib Christi“ die Rede ist: der Eucharistie (Mk 14,22 par; 1 Kor 11,24) und der kirchlichen Gemeinschaft (Röm 12,4f; 1 Kor 12,12–27; Eph 4,15f; Kol 2,18). Im ersten Korintherbrief verbindet Paulus beide Gedankengänge, indem er schreibt: „Ein Brot ist es. Darum sind wir viele ein Leib; denn wir alle haben teil an dem einen Brot“ (1 Kor 10,17). Im gemeinsamen Essen und Trinken, in der gemeinsamen Kommunion in der Eucharistiefeier wird diese Anteilhabe, die Gemeinschaft stiftet, am augenscheinlichsten. Aber die Verknüpfung von „Leib Christi“ als das konsekrierte Brot und „Leib Christi“ als Charakterisierung der kirchlichen Gemeinschaft bleibt dem Sakrament auch über die Feier hinaus eigen. Deshalb geht es bei der eucharistischen Anbetung, so sehr sie hilfreiches oder notwendiges Pendant zur gemeinschaftlichen Feier ist und mehr die Intimität des persönlichen Gebets pflegt, nie um eine nur auf das betende Individuum bezogene Andachtsform[151].

Das beginnt schon bei dem Gedanken, dass mir die Eucharistie ohne die Feiergemeinschaft der Kirche gar nicht zugänglich ist. Die konsekrierte Hostie ist da, weil es die Feier der Messe in der kirchlichen Gemeinschaft gegeben hat. Über sie bin ich auch als einzelner Beter, als einzelne Beterin in diesen „Leib“, der ja über die konkrete einzelne Feiergemeinde hinausgeht, mit hineingezogen und in ihm geborgen. Und indem ich mich dem „Leib Christi“ aussetze und den gegenwärtigen Christus verehre, verwirkliche ich meine eigene Zugehörigkeit zum Leib der Kirche. Ich bin nicht nur für mich da, sondern als Glied der Kirche immer auch für die anderen. Das ist so, weil – so Raphael Schulte – „einem jedem zugutekommt, was die anderen in Heilsvollzügen mitvollziehen. So gesehen dürfen sich in die konkrete Species von Brot und Wein nicht nur die eingegangen wissen, die gerade physisch gegenwärtig sein konnten, sondern alle, die sich zu der Gemeinde der Eucharistiefeier bekennen“[152] – und bekannt haben. In den aufbewahrten eucharistischen Gestalten können wir so den Brüdern und Schwestern – den lebenden und den toten – begegnen und sie in unser Gebet einbeziehen. Im Gebet können wir mit ihnen solidarisch werden.[153] Papst Benedikt XVI. spitzt das noch zu, wenn er in *Deus caritas est* (2005)[154] schreibt:

> „Die Vereinigung mit Christus ist zugleich eine Vereinigung mit allen anderen, denen er sich schenkt. Ich kann Christus nicht allein für mich haben, ich kann ihm zugehören nur in der Gemeinschaft mit allen, die die Seinigen geworden sind oder werden sollen“ (Nr. 14, wieder zitiert in *Sacramentum caritatis* 2007, Nr. 89).

Vielleicht bekommt dieser Gedanke heute ein neues, dramatisches Gewicht. Wir wissen darum, dass Christen und Christinnen aller Konfessionen an vielen Orten der Welt verfolgt werden. Es sind Brüder und Schwestern, die wie wir Eucharistie feiern, in ihrer je eigenen Weise. Es sind Brüder und Schwestern, die dringend unsere Solidarität brauchen. Ich weite hier bewusst den „römisch-katholischen Bereich“ aus, weil ich denke, dass diese Verbundenheit über die Kommuniongemeinschaft hinausgeht, die leider unter den christlichen Kirchen und Gemeinschaften noch nicht möglich ist. Gerade im Blick auf die bedrängten und verfolgten Christen wird aber eine tiefer liegende Einheit sichtbar: Es sind Gläubige, die unter widrigen Umständen ihre Hingabe an Christus leben und manchmal deswegen sich auf einen ungewissen Fluchtweg begeben, dort oder in der Heimat ihr Leben riskieren oder es sogar verlieren. Genau diese Selbstgabe formulieren wir in vielen liturgischen Gebeten der Eucharistiefeier, besonders bei der Gabenbereitung. Brot und Wein, die wir zum Altar bringen, stehen für uns und unsere Selbsthingabe. Diese realisiert sich in besonderer Weise in der Bedrängnis bis hin zum Martyrium. Deshalb konnte das theologische Basisdokument für den Internationalen Eucharistischen Kongress 1981 in Lourdes sogar formulieren, dass wir in der eucharistischen Anbetung eingeladen sind, Christus in den Brüdern und Schwestern zu erkennen und sogar zu „verehren"[155].

Wir sind also, mit anderen Worten, eingeladen, Christus in jedem Glied seines kirchlichen Leibes und nicht nur in seinem eucharistischen Leib zu erkennen und zu lieben. Alexandre Ganoczy hat das vor vielen Jahren pointiert so formuliert: „Die Christusgemeinschaft vollzieht sich als Christengemeinschaft."[156] Was er hier im Blick auf die Eucharistiefeier sagt, gilt in gleicher Weise für die Verehrung außerhalb der Messe. Sich auf den Leib Christi einlassen, heißt immer, sich auf den „*Christus totus*", auf den ganzen Christus, Haupt und Glieder (Kol 1,18), auszurichten. Und hierin in besonderer Weise auf die leidenden, bedrängten Glieder, die meine und unsere Solidarität brauchen. Mit einfachen Worten könnte man auch sagen: Eucharistie und eucharistische Anbetung wollen die Einzelnen „gemeinschaftsfähig" machen. Das kann sich im fürbittenden und stellvertretenden Gebet genauso erweisen wie im tatkräftigen Mitbauen an der Gemeinschaft der Kirche im jeweiligen Kontext und im Einsatz für die Armen und Marginalisierten. Auch die Leidenschaft für die Ökumene darf hier hinzugerechnet werden.

Konkret kann dies in der Zeit der Anbetung auch so aussehen, dass ich mir z. B. die Gesichter der Menschen, mit denen ich Eucharistie gefeiert habe, vor Augen halte, sie Christus anempfehle, für sie um Stärkung, um Heilung bete. Ich kann danken für das Zeugnis der Selbsthingabe engagierter Gläubiger und mich selbst in die Gemeinschaft der Christuszeugen und -zeuginnen hineinstellen. Auch wenn ich physisch vielleicht allein da bin – ich bin nicht alleine da. Das gilt freilich für jedes Gebet, wird aber in Gegenwart des eucharistischen Leibes noch sinnenfälliger. Für mich ist dieser Gedanke auch innerhalb meiner Ordensgemeinschaft wichtig: Gerade in der Zeit der eucharistischen Anbetung darf ich mich mit den Mitschwestern an den so unterschiedlichen Orten der Welt verbunden wissen, für ihre Berufung und Hingabe im Dienst danken und sie Christus ans Herz legen.

> ➷ *Beim Verweilen vor der Eucharistie verbinde ich mit dem Atem das Wort: „Du bist das Haupt, wir sind die Glieder" oder „Du in uns – wir in Dir".*
>
> ➷ *Eucharistisch leben heißt: sich als Glied der großen Gemeinschaft der Kirche wissen und an ihr gemäß meiner Berufung mitbauen. Mein Gebet weiten hinein in die Fürbitte und mich in ihm eingebunden wissen in die Gemeinschaft der Glaubenden. Mich einsetzen für die Einheit: in der konkreten Ortskirche, in der ich lebe, für ein Miteinander in der Weltkirche und für eine wachsende Ökumene – mit dem Ziel der Kommuniongemeinschaft.*

EXPONIERT UND BERÜHRBAR

„*Expositio Sanctissimi Sacramenti*" – so lautet der lateinische Begriff für die „Aussetzung des Allerheiligsten". *Expositio.* Aussetzung. Ausstellung. Zur-Schau-Stellung. Präsentation. Exponierte Stellung. Noch hervorgehoben durch den Strahlenkranz der Monstranz. Blicken, Berührungen und An-griffen ausgesetzt. Bevor es üblich wurde, das eucharistische Brot in dieser Weise den Gläubigen zur Anbetung zu zeigen, gab es, wie wir gesehen haben, genau davor eine große Scheu. Man suchte eher zu verhüllen als zu enthüllen und den Blicken preiszugeben und sorgte sich darum, dass das Geheimnis gewahrt bleibt. Und dann kam die Kirche doch dem Verlangen der Menschen nach Schauen entgegen und hat es auch selbst gefördert.

Diesem Schauverlangen können sich die meisten Menschen schlecht entziehen. Mir geht es manchmal so, dass ich eigentlich nicht hinschauen möchte – auf das, was der Nachbar im Zug tut, oder zu Menschen hin, die auffällig angezogen sind. Doch geradezu magisch wird mein Blick angezogen. Schlechtes Gewissen – denn gleichzeitig weiß ich darum, wie unangenehm es sein kann, an exponierter Stelle den Augen (vieler) ausgesetzt zu sein. Auch wenn manche Menschen das durchaus zu genießen scheinen.

In den Evangelien sehe ich, dass Jesus bereit ist, sich anderen in vielfältiger Weise „auszusetzen". So lässt er sich von Petrus mit dem Boot ein Stück auf den See fahren und exponiert sich so seinen Zuhörern (Lk 5,3). Er setzt sich nicht nur den Blicken, sondern auch den Berührungen anderer aus: Die Frau, die schon jahrelang an Blutungen gelitten hatte, darf ihn berühren (Mk 5,25–34). Die stadtbekannte Sünderin darf seine Füße mit ihren Tränen waschen und danach salben. Damit setzt sich Jesus dem missbilligenden Blick des gastgebenden Pharisäers und seiner Kritik aus (Lk 7,36–50). Er wird den Händen der Menschen ausgeliefert und von Pilatus in seinem Elend als gefolterter Mensch der schaulustigen und feindseligen Menge präsentiert (Joh 19,5). Schließlich ist er am Kreuz den sensationslüsternen Gaffern und den Spöttern ausgesetzt. Die Strafe des Kreuzestodes wurde dadurch verstärkt, dass die Delinquenten nackt aufgehängt wurden. Angenagelt an den Kreuzesbalken kann Jesus sich nicht wehren, kann nicht weichen, kann sich nicht mehr verbergen, wie er es sonst zumindest nach Ausweis des Johannesevangeliums getan hat (vgl. Joh 11,54; 12,36). Der Auferstandene schließlich „präsentiert" sich seinen Jüngern, zeigt Hände und Füße, lädt ein zum Anfassen (Lk 24,39, vgl. Joh 20,24–29).

Der heilige Alfons weiß darüber zu staunen, dass sich dieses „exponierte" Leben, Leiden und Auferstehen Jesu im eucharistischen Brot, das in der Monstranz „ausgesetzt" ist, widerspiegelt (25. Tag). Diese „Auslieferung" ist für Alfons ein tiefes Zeichen der Liebe des Erlösers. Dieser Liebe setzt sich Alfons aus, um selbst immer mehr zu einem liebenden Menschen zu werden.

Denn das ist die andere Seite: Nicht nur Jesus ist es, der sich den Menschen aussetzt. Auch er nimmt manche in den Blick, holt Leute aus der Menge hervor und stellt sie in das Zentrum: den Mann mit der „verdorrten" Hand (Mk 3,1–6), die verkrümmte Frau (Lk 13,10–17). Sie werden von Jesus geheilt, stehen aber gleichzeitig plötzlich an der Seite Jesu im Mittelpunkt des Interesses – und damit auch der Auseinandersetzung. Der Blick Jesu fällt auch auf die, die er beruft, ihm nachzufolgen. Sie werden aus dem gewöhnlichen Alltag und aus der Unauffälligkeit herausgerissen und sind von nun an exponierter Stelle mit diesem Rabbi Jesus unterwegs. Dabei erleben sie Wunderbares und Angriffiges. Manche können auf diesen Ruf und Blick keine Antwort geben, wie z.B. der reiche junge Mann (Mk 10,17–31 par). Zutiefst getroffen vom Blick Jesu, der schon verhaftet ist, beginnt Petrus über seine feige Verleugnung zu weinen (Lk 22,61f). Es ist derselbe Petrus, der nach dem Zeugnis des Johannesevangeliums sich nicht zu gut ist, vor den Augen aller im Obergewand, das er sich umwirft, weil er nackt war, in den See zu springen, um auf Jesus zuzulaufen (Joh 21,1–14).

In der eucharistischen Anbetung setzt sich nicht nur oder vielleicht sogar nicht in erster Linie Jesus Christus im Sakrament *uns* aus, sondern wir setzen uns *ihm* und seiner erlösenden Liebe aus. Er, der sich uns und unseren Blicken aussetzt, will uns innerlich berühren und verwandeln, damit wir zu wahrhaft „eucharistischen Menschen“ werden. Wir sind ihm und seinem Ruf und Anspruch ausgesetzt, wir sind herausgefordert, uns von ihm in Dienst nehmen zu lassen. Das mag uns dann zuweilen auch real „exponieren“ vor anderen – indem wir Zeugnis geben von unserem Glauben, indem wir uns den Ansprüchen und Bedürfnissen der Mitmenschen aussetzen, berührbar und verfügbar werden und bleiben. „Ausgesetzt“ sind wir dem Christus im Sakrament auch mit unseren Wunden und Schwächen, mit unserer Feigherzigkeit und Kleinmütigkeit, mit unserer Gleichgültigkeit und allem, was uns beugt und niederdrückt. Wir dürfen vertrauen, dass sein Blick ein heilender und kein verurteilender ist. Und dass das Ziel wie bei Petrus darin besteht, dass wir die uns gemäße Aufgabe bereitwillig auf uns nehmen, auch wenn sie uns in Schwierigkeiten bringen mag (vgl. Joh 21,15–23).

Hier kommt auch zum Ausdruck, dass Beten zuweilen auch im reinen Schauen und Angeschautwerden besteht. Noch einmal möchte ich an die Erzählung des heiligen Johannes Maria Vianney erinnern. Er trifft als Pfarrer von Ars immer wieder diesen Mann an, der einfach still in der Kirche sitzt. Gefragt, was er denn da tue, antwortete dieser: „Ich schaue ihn an und er schaut mich an.“ Gegenseitiges Ausgesetzt-Sein also. Auch das ist Gebet. Wir beten als ganze Menschen, mit allen Sinnen, und so auch mit unseren Augen. „Gottes Angesicht suchen“: So lautet eine der Umschreibungen für Gebet im Alten Testament, der Bibel Jesu und seiner Jünger, – verbunden mit der Sehnsucht, dass Gott sein Angesicht nicht verbirgt (vgl. Ps 27,8f). Und jedes Gebet hat wohl diesen Augen-Blick, dieses von-Angesicht-zu-Angesicht zum Ziel. Der Redemptorist Richard Tobin schlägt deshalb folgendes Gebet in seinen „Besuchungen des Allerheiligsten Sakraments für das 21. Jahrhundert“ vor:

„Herr Jesus, hier bin ich in deiner Gegenwart. Ich schaue auf dich und ich schaue aus nach dir, voller Sehnsucht, dass du auf mich schaust mit deinen barmherzigen und verständnisvollen Augen. Lass mich vor deinem Blick nicht zurückschrecken und zurückweichen. Du sagst zu mir: ‚Ich bin nicht hier, um dich zu verurteilen. Ich bin für dich gestorben. Ich habe dir meinen Leib und mein Blut gegeben. Nimm meine Gabe an und lass mich dein Gesicht sehen, das mir so lieb ist.'"[157]

> ➯ *Beim Verweilen vor der Eucharistie verbinde ich mit dem Atem das Wort: „Du vor mir und ich vor dir" oder „Ich setze mich dir aus – so wie ich bin".*
>
> ➯ *Eucharistisch leben heißt: Bereit sein, sich um Jesu willen auch zu exponieren und für ihn und seine Liebe Zeugnis abzulegen. Selbst den barmherzigen Blick auf andere einüben, die mir „ausgesetzt" sind – meine Mitmenschen, die Armen, die Bedürftigen.*

HEILKRÄFTIG

Die Eucharistie ist nicht nur „Brot der Engel" (vgl. KKK 1331), sondern auch „Brot der Sünder". Ganz eindrücklich hat das der Maler und Priester Sieger Köder (1925–2015) in seinem „Mahl der Sünder" dargestellt, das in der Villa San Pastore bei Palestrina/Italien hängt – heute Ferienhaus des Collegium Germanicum et Hungaricum, der Ausbildungsstätte für deutschsprachige Priesteramtskandidaten und Priester in Rom. Das Gemälde findet sich dort an prominenter Stelle im Speisesaal, und ich hatte das Privileg, es im Original zu sehen. Sieger Köder hat eine illustre Gesellschaft an einem Tisch versammelt. Vom Clown über den skeptischen Wissenschaftler, von der Hure bis zur alten Frau, einem verletzten Afrikaner, einer reichen Dame und einem Juden mit Gebetsschal. Sie alle schauen auf Jesu Hände, mit denen er ihnen Brot und

Wein darbietet. Im Hintergrund an der Wand: eine Skizze des barmherzigen Vaters mit seinen beiden Söhnen: Der jüngere schmiegt sich an den Vater, der ältere sitzt bockend abseits. Der Maler will zeigen: Die Eucharistie ist nicht für Vollkommene, Unverwundete da, sondern für Menschen wie du und ich, Menschen mit ihrer Geschichte, ihren Schwächen, ihren Verletzungen, ihren Zweifeln und Widerständen. Die Eucharistie ist da für die *beiden* „verlorenen Söhne".

Oft wird vergessen, was auch der Katechismus der Katholischen Kirche festhält: Die Kommunion reinigt von Sünden, sie „stärkt die Liebe, die im täglichen Leben zu erlahmen droht" (KKK 1393f). In ihr gibt Christus die „Kraft, mit ungeordneten Anhänglichkeiten an Geschöpfe zu brechen" (KKK 1394). Es wird der heilige Ambrosius mit den Worten zitiert: „Ich, der ich immer sündige, muss immer ein Heilmittel haben" (sacr. 4,28 in KKK 1393). Die Kommunion ist also nicht Brot für die Starken, die Tadellosen[158]. Das bringen auch die Abendmahlsüberlieferungen des Neuen Testaments zum Ausdruck: Jesus weiß um den Verrat des Judas (Mk 14,18–20 par), die Verleugnung des Petrus und darum, dass ihn alle in der Stunde der Not schmählich verlassen werden (Mk 14,26–31 par). Das ist die Situation, in die hinein er seinen Leib und sein Blut reicht. Dieses Gedächtnis feiern wir gemäß dem Auftrag Jesu Christi bis heute. Und wo das gefeiert und der Tod des Herrn verkündet wird, da wird – so schon Ambrosius – gleichzeitig die Vergebung der Sünden verkündet. Dabei geht es nicht darum, alles zuzudecken und dann einfach weiterzumachen wie vorher. Ziel ist eine Verwandlung des Lebens, eine Abkehr von krummen Wegen und eine neue Hinkehr zu Gott.

Dies alles bleibt auch dem Leib Christi, den wir außerhalb der Eucharistiefeier verehren, eingeschrieben. Christi Gegenwart in diesem Zeichen erinnert mich daran, dass ich ein Mensch bin, der immer wieder von den Wegen Gottes abweicht, ein Mensch, der zwar zu Christus Ja gesagt hat, aber dieses Versprechen nicht immer einlöst, ein Mensch, der seinen Mitmenschen und der Schöpfung gegenüber fehlt und vielleicht sogar frevelt. Kurz gesagt: Ich werde daran erinnert, dass ich Sünder, dass ich Sünderin bin, für die Christus gestorben ist. Aber ich werde daran erinnert, indem mir das vergebende Antlitz Christi aufstrahlt. Ich werde deswegen nicht vorwurfsvoll angeschaut, verdammt oder abgelehnt, sondern geliebt und neu angenommen, gestärkt zu einem Neuanfang.

So fordern mich Kommunion und eucharistische Anbetung heraus, selber ein vergebender Mensch zu werden. Gemeint sind damit nicht bloß einzelne „Aktionen" von Vergebung, sondern eine tief sitzende Grundeinstellung in mir, die Basis für mein Handeln ist. Dabei besteht Vergebung nicht darin, zugefügtes Unrecht einfach wegzuwischen oder gar zu leugnen, auf seine Rechte zu verzichten oder Auseinandersetzungen aus dem Weg zu gehen. Der Spruch „vergeben und vergessen" hat ein Stück Berechtigung, aber Vergebung muss nicht einfach heißen zu vergessen. Vielmehr ist Vergebung Heilung der Erinnerung und will mir (!) helfen, mit der Wirklichkeit zurechtzukommen.[159] Doch wie kann es dazu kommen? Tomáš Halík schlägt – angeregt durch einen Mönch der Ostkirche – glaubenden Menschen vor, sich bewusst zu machen, dass auch der oder die, die sich gegen uns verfehlt haben, zu Christus gehören und dadurch auch zu uns. Unsere Beziehung zu diesen Menschen können wir „befreien", wenn wir in unsere Haltung ihnen gegenüber Christus eintreten lassen[160], sein Bild gewissermaßen zwischen uns und ihnen als Filter schieben. Es ist Christus, der noch am Kreuz für seine Peiniger um Vergebung gebetet hat (Lk 23,34), der sich hingegeben hat, „als wir noch Sünder waren" (Röm 5,8). Sakramentales Zeichen dieser vergebenden Liebe und Hingabe Jesu sind das konsekrierte Brot und der konsekrierte Wein. In den verwandelten Gaben schiebt sich nun wirklich Christus zwischen mich und die anderen, die mir etwas schuldig geblieben sind. Das Schauen auf ihn mag meine Augen lehren, mit ihm quasi als Brille, die einen anderen Blick auf die Wirklichkeit eröffnet und manche Verzerrungen – „Feindbilder" – auflöst, auf sie zu schauen.

So fließen in der eucharistischen Anbetung zwei Bewegungen ineinander: meine Erkenntnis, dass ich sündiger Mensch bin, und der Blick auf die anderen als ebenso erlösungsbedürftige Menschen. Beides gehört zueinander. Vergebung ist nicht möglich ohne anzuerkennen, dass auch in mir das Bild Christi nicht frei ist von Schrammen, Staub und Übermalungen, ist nicht möglich ohne Anerkennung unserer eigenen Wunden sowie derer, die wir anderen zugefügt haben und die uns selbst genauso schädigen[161]. Ziel der betrachtenden Anbetung Christi im Altarsakrament ist es, ein vergebender, ein versöhnter Mensch zu werden. Auch mir selbst und meiner eigenen Geschichte gegenüber, was manchmal schwieriger sein kann, als anderen zu vergeben.

- *Beim Verweilen vor der Eucharistie verbinde ich mit dem Atem das Wort: „Du Brot der Sünder, heile mich" oder „Mach mich zu einem vergebenden Menschen".*
- *Eucharistisch leben heißt: Mich entschieden auf Prozesse der Vergebung einlassen in dem Bewusstsein, selbst das „Brot der Schwachen", das „Brot der Sünder" nötig zu haben.*

DURCHSICHTIG FÜR DEN HIMMEL

Angeld der Hoffnung auf Vollendung der Welt, Wegzehrung auf dem Weg dorthin und Vorfeier des himmlischen Gastmahls – mit diesen Worten kennzeichnet das Dokument *Gaudium et Spes* des Zweiten Vatikanischen Konzils die Eucharistie (GS 38). Damit kommt eine Dimension der Eucharistie zur Sprache, die in den östlichen Liturgien sehr lebendig und vital ist, in der westlichen Ausprägung jedoch (leider) eher in den Hintergrund tritt, auch wenn sie natürlich nicht ganz fehlt. Der große Theologe Hans Urs von Balthasar hat die Eucharistie den „Einbruch der Ewigkeit in die Zeit" genannt.[162] Man könnte auch sagen: den Einbruch der Vollendung in die Vorläufigkeit. Brot und Wein, Früchte der Erde und der menschlichen Arbeit, vergängliche Dinge, werden zum Medium der Begegnung mit dem auferstandenen Christus, werden sein Leib und sein Blut, werden durchsichtig für den Himmel. Oder wie der heilige Alfons sagt: Das heilige Altarsakrament ist „unser Himmel auf Erden"[163]. Das konsekrierte Brot und der konsekrierte Wein zeigen an, was im Glauben die Zukunft der Welt ist: Gemeinschaft, innigste Beziehung mit Christus in der vollendeten Welt Gottes. Oder noch zugespitzter: „Christus … ist die Zukunft der Welt."[164] Kaum jemand hat das tiefer meditiert als Pierre Teilhard de Chardin SJ, für den – sehr vereinfacht und auch nicht unumstritten gesagt – alles in der Welt auf Christus hin wächst, so dass er von einer „Christogenese" bzw. „Christifizierung" redet.

In der Versammlung der Eucharistiefeier wird die „Versammlung" des Himmels präsent, in der die sozialen Unterschiede nicht mehr zählen. Sie ist – so Kardinal Charles Maung Bo bei der Eröffnungspredigt des Internationalen Eucharistischen Kongresses in Manila 2016 – „ein Traum und eine Realität, denn Jesus ist wahrhaft gegenwärtig. Ein Traum, denn sie ist die Hoffnung der Zukunft, das eschatologische Mahl der Ebenbürtigkeit unter den Menschen. … In einer ungleichen und lieblosen Welt bleibt die Eucharistie unerschütterlich das Leuchtfeuer der Gleichheit unter den Menschen."[165] Dieser „Effekt" bleibt auch im Gebet vor der Eucharistie erhalten: auch hier versammeln sich Arme und

Reiche, Gesunde und Kranke, Menschen „vornehmer“ und Menschen „einfacher“ Herkunft, Universitätsprofessorinnen, Studenten, Studentinnen und Menschen, die mit ihren Händen arbeiten, Menschen mit guten Anstellungen und Arbeitslose. Alle dürfen in gleicher Weise da sein, ohne Unterschied. Manchmal sind sie wirklich und buchstäblich zusammen im Gebet da.

Der Glaube, dass Christus auch nach der Feier andauernd gegenwärtig im konsekrierten Brot ist, schiebt noch einen anderen Aspekt in den Vordergrund: Im eucharistischen Brot, der verwandelten „Frucht der Erde und der menschlichen Arbeit“ (Gebet zur Gabenbereitung), leuchtet die erhoffte neue, von Gott geschenkte Schöpfung bereits jetzt auf. Der Internationale Eucharistische Kongress in Lourdes im Jahr 1981 stand unter dem Titel: „Eucharistie. Jesus Christus, gebrochenes Brot für eine neue Welt“. Der damalige theologische Basistext weist darauf hin, dass uns der Blick auf die eucharistischen Gestalten in der eucharistischen Anbetung dazu einlädt, die umwandelnde Kraft des Gottesreich auch in unserem Tun und in der menschlichen Geschichte bereits als wirksam zu erkennen und zu glauben.[166] Ich finde das einen sehr wichtigen Aspekt für mein betendes Dasein vor der Eucharistie. Denn wie oft frage ich mich, wie es mit der Welt weitergehen soll, was mein und unser kleines, geringes Tun denn überhaupt bewirken kann, ob es angesichts all der Brüche in der Welt und der Gefährdung der Schöpfung überhaupt noch Zukunft geben wird. Und da sagt mir der Blick auf die Hostie: Ja, es gibt Zukunft. Hier wird die Verklärung und Verwandlung schon eingeläutet. Nicht ich muss alles „retten“, da ist einer, der alles – wie damals Brot und Wein – in seine Hand nimmt und wandelt. Das heißt nun aber gerade nicht, dass ich die Hände in den Schoß legen könnte. Im Gegenteil: Der, der dies getan hat und tut, lädt mich ein mitzuwirken. Aber eben: mitwirken, Mitarbeiter, Mitarbeiterin sein. Oder:

„Handlanger(in)“, wie es der schon verstorbene Pfarrer Josef Brandner auf Bayrisch auszudrücken pflegte. Meister ist ein anderer. Immer wieder einmal kommt mir die Stelle aus der Apostelgeschichte in den Sinn, wo Barnabas und Paulus berichten, „was Gott mit ihnen zusammen getan“ hat (Apg 14,27). So richtig es also ist, um den Beistand Gottes zu beten, so sehr ist es auch nötig, sich immer wieder bewusst zu machen, dass nicht Gott *mein* „Handlanger“ ist, sondern wir die seinen sind und ihm „zur Hand gehen“ dürfen.

Papst Franziskus kommt in seiner „Ökologie-Enzyklika“ *Laudato Si’* (2015)[167] auch auf die Sakramente und darin auf die Eucharistie zu sprechen. Zunächst streicht er heraus, dass wir im kultischen Geschehen der Sakramente eingeladen sind, die „Welt auf einer anderen Ebene zu umarmen. Das Wasser, das Öl, das Feuer und die Farben“ – man darf ergänzen: Brot und Wein – „werden mit ihrer ganzen Symbolkraft aufgenommen und in den Lobpreis eingegliedert“ (LS 235). Große Freude an den Gaben der Schöpfung und eine tiefe Sinnenhaftigkeit werden hier spürbar. Christlicher Glaube ist nicht leibfeindlich, auch wenn es im Lauf der Geschichte manche Tendenzen in diese Richtung gegeben hat. Die Eucharistie zeigt, dass die Gaben von Brot und Wein, Geschenke Gottes und Frucht der menschlichen Arbeit, „würdig“ sind, Gestalten der Präsenz Christi zu sein. Damit wird auch deutlich: Materie ist nicht schlecht, Materie und Geist stehen nicht im Widerspruch zueinander.[168]

Christlicher Glaube ist zutiefst „weltlich“, nämlich bezogen auf die Welt verstanden als Schöpfung Gottes. Er entfaltet sich in ihr – um Lebewesen, Menschen und Tiere, um Dinge, um das, was die westliche Lebenseinstellung die „unbelebte Natur“ nennt. Alles kann zum Ort der Begegnung mit Gott werden – und zum Ort der Verantwortung Gott gegenüber. Das hat Papst Franziskus in *Laudato Si’* überdeutlich gemacht. Viele Menschen, gerade in den Ländern des Südens, haben seine Stimme dankbar aufgenommen. Im Blick auf die Eucharistie spitzt er dann so zu:

> „In der Eucharistie findet die Schöpfung ihre größte Erhöhung. … Auf dem Höhepunkt des Geheimnisses der Inkarnation wollte der Herr durch ein Stückchen Materie in unser Innerstes gelangen. Nicht von oben herab, sondern von innen her, damit wir ihm in unserer eigenen Welt begegnen könnten. In der Eucharistie ist die Fülle bereits verwirklicht, und sie ist das Lebenszentrum des Universums, der überquellende Ausgangspunkt von Liebe und unerschöpflichem Leben. Vereint mit dem in der Eucharistie gegenwärtigen inkarnierten Sohn sagt der gesamte Kosmos Gott Dank. … Die Eucharistie vereint Himmel und Erde, umfasst und durchdringt die gesamte Schöpfung. Die Welt, die aus den Händen Gottes hervorging, kehrt zu ihm zurück in seliger und vollkommener Anbetung: Im eucharistischen Brot ‚ist die Schöpfung auf die Vergöttlichung, auf die heilige Hochzeit, auf die Vereinigung mit dem Schöpfer selbst ausgerichtet‘[169]. Darum ist die Eucharistie auch eine Quelle des Lichts und der Motivation für unsere Sorgen um die Umwelt und richtet uns darauf aus, Hüter der gesamten Schöpfung zu sein“ (LS 236).

Eucharistische Anbetung motiviert also, mitzuwirken am „Hinwachsen“ der Welt auf Gott zu, mitzuwirken auch an der Erhaltung oder Wiederherstellung der Integrität der Welt. Und sie gibt Hoffnung und wehrt der Resignation, wenn die Frucht dieses Wirkens nicht spürbar ist und im Gegenteil sich das Dunkel zu mehren scheint. Manfred Scheuer fasst dies so zusammen:

> „Eucharistie wird gefeiert in der Spannung, dass Erlösung und Heil *schon* gegeben, aber *noch nicht* vollendet

sind. Gerade die schon empfangene eucharistische Gabe steigert die Wahrnehmungsfähigkeit für das, was noch aussteht und was noch fehlt. Die Befreiung von der Daseinsangst eröffnet den Tiefenblick für den leidenden und unerlösten Kosmos."[170]

So fließen in der Eucharistie als Gedächtnis, Realpräsenz und Hoffnungszeichen die drei Weisen der Zeit – Vergangenheit, Gegenwart und Zukunft – zusammen. Manfred Scheuer sagt: „Was Zeit ist, wie Vergangenheit, Gegenwart und Zukunft zu verstehen sind, ist an der Eucharistie abzulesen, nicht an der Uhr, nicht am Geld, auch nicht an antiken und modernen Varianten der Gnosis oder der Apokalyptik."[171] Auch dies mag in Zeiten des anbetenden Daseins vor dem eucharistischen Brot leitend sein. Im Zusammenspiel dieser drei Zeitdimensionen vollzieht sich unser Leben. Es kommt her aus der Vergangenheit, die in der Gegenwart wirksam ist, wobei im Gedächtnis von Leiden, Sterben und Tod Jesu sichtbar wird, dass auch Gewalterfahrungen in und durch Liebe verwandelt werden können. Unser Leben ist verankert in der Gegenwart, die uns als Gabe und Herausforderung gegeben ist. Und es ist ausgestreckt auf die Zukunft, die wir – nach einem Wort von Papst Franziskus an die Orden – „voll Hoffnung umarmen" dürfen.

Die Tradition der Kirche nennt die Eucharistie auch „Speise der Engel". Damit kommt zum Ausdruck, dass wir in ihr mit der „himmlischen Welt", mit der Welt, die uns übersteigt, verbunden sind. Unser Leben ragt sozusagen schon jetzt hinein in das zukünftige Leben, das wir erhoffen. So verbinden Eucharistie und eucharistische Anbetung nicht nur mit der Gemeinschaft der Kirche hier auf Erden, sondern auch mit der Gemeinschaft des Himmels. Rabbi Arthur Green drückt das – freilich nicht auf eucharistische Anbetung gemünzt – in dem schönen Bild des Halbkreises aus. Er bezieht sich dabei auf eine Stelle aus dem Talmud, welche die Sitte des Sanhedrins [des Hohen Rats], im Halbkreis zu tagen, zu erklären sucht. Sie tun dies, weil sie sich einem anderen Halbkreis im Himmel gegenüber sehen, in dem Gott und die Gerechten die Torah studieren. Auch wo wir uns zum Gebet vor der konsekrierten Hostie, dem „Brot der Engel" versammeln, tun wir dies „im Halbkreis" und dürfen uns dieses anderen Halbkreises im Himmel bewusst werden – Gott, die Engel, alle, die uns vorangegangen sind und als Vollendete bei Gott leben. Unsere Gemeinschaft hier – so Rabbi Green – „ist nicht mehr als ein Halbkreis"[172].

↳ *Beim Verweilen vor der Eucharistie verbinde ich mit dem Atem das Wort: „Du, Brot vom Himmel" oder „Komm, Herr Jesus – Marána thá" (vgl. Offb 22,20; 1 Kor 16,22).*

↳ *Eucharistisch leben heißt: Ein Mensch sein, der Hoffnung ausstrahlt und trotz Anfechtung nicht in Verdrießlichkeit oder Resignation versinkt – im Glauben an die Kraft der christlichen Hoffnung, die auf einen größeren Horizont hin ausgerichtet ist und die Samen des Gottesreiches schon im Hier und Jetzt zu sehen vermag. Ein Mensch, der aus dieser Überzeugung heraus auch „anpackt", der sieht, was und wo es fehlt. Weil Jesus im Abendmahl Brot und Wein als Früchte der Schöpfung und menschlicher Arbeit gewürdigt hat, Zeichen seiner Gegenwart zu werden, heißt eucharistisch leben auch, respektvoll mit der Schöpfung in ihrer Gesamtheit umzugehen. Papst Franziskus gibt in Laudato Si' dazu recht konkrete Vorschläge: Gottes Spuren in der Natur aufspüren, den Schrei der gequälten Natur hören, etwa in Umweltverschmutzung und Bergbau, und für das allen „gemeinsame Haus" sorgen. Nicht zuletzt heißt eucharistisch leben auch, sich bereits jetzt mit der Gemeinschaft des Himmels verbunden zu wissen und so diese unsere Welt, die sich so oft als in sich geschlossen gebärdet, offen zu halten auf ein größeres Geheimnis hin.*

GESEGNET UND VERWANDELT

Als gläubiger Jude nimmt Jesus Brot und Wein nicht in die Hand, ohne dafür Gott zu loben (vgl. Mt 26,26). Im Griechischen steht dafür das Wort *eulogia* und gibt das hebräische *berakha* wieder, das man mit Segen oder Lobspruch übersetzen kann. Für uns ungewöhnlich wird *Gott* „gesegnet" – das heißt, er wird gepriesen als der Geber aller Gaben. Verschiedene Segnungen und Preisungen durchziehen bis heute den Alltag gläubiger Juden. Wo Gott gepriesen wird, da wird Segen empfangen, da kommt seine Absicht für uns Menschen wirklich in unserem Leben an.

Das lateinische Wort für segnen, *benedicere*, kann im Deutschen auch mit „gutheißen" wiedergegeben werden. Gott segnet, indem er Gutes zuspricht, indem er das gutheißt, was er geschaffen hat (vgl. Gen 1,28; 2,3). Zwischen Gott und Mensch gibt es gewissermaßen ein „Zwiegespräch" des Segens: Gott segnet und der Mensch anerkennt diesen Segen in Dank und Lob – indem er, biblisch gesprochen – Gott segnet, sein Wirken und sein Geschenk gutheißt. Wo Gott segnet und der Mensch diesen Segen annimmt, da gibt es Wachstum und Gedeihen, und das heißt immer auch Veränderung und Wandlung.

In der Liturgie der Eucharistie finden wir einen Widerhall des Gesagten vor: In den Begleitgebeten zur Gabenbereitung („Gepriesen [Gesegnet] bist du, Herr, unser Gott, Schöpfer der Welt …") und vor allem im römischen Messkanon, dem so genannten „Ersten Hochgebet", das heute eher selten gesprochen wird. Da heißt es: „Nimm diese heiligen, makellosen Opfergaben an und segne sie." Dabei macht der Priester ein Kreuzzeichen über Brot und Wein. Unmittelbar vor den Worten der Konsekration spricht der Priester dann: „Schenke, o Gott, diesen Gaben Segen in Fülle und nimm sie zu eigen an. Mache sie … zum Leib und Blut deines geliebten Sohnes, unseres Herrn Jesus Christus." Diesen Segen erbittet der Zelebrant dann auch für alle, die Leib und Blut Christi empfangen werden: „Erfülle uns mit aller Gnade und allem Segen des Himmels." Hier werden die Elemente von Lobpreis Gottes, Bitte um Segen und Wandlung angesprochen. In Leben, Tod und Auferstehung Jesu, die in der Eucharistie vergegenwärtigt sind, kommt uns Segen zu, wird uns Gutes zugesprochen und wird ein Prozess der Wandlung in Gang gesetzt für alle, die diesen Segen bei sich ankommen lassen.

In der Eucharistie werden nicht nur Brot und Wein zu Leib und Blut Christi „gewandelt", sondern auch allen, die an dieser Feier teilnehmen oder vor dem eucharistischen Brot anbetend verweilen, wird ein Weg der Wandlung angeboten und verheißen. Jan-Heiner Tück bringt dazu einige inspirierende Gedanken, die sich aus dem Charakter der Eucharistie als Gedächtnis (Vergangenheit), Gegenwart und Angeld der Zukunft ergeben. Es geht darum, dass sich Vergangenheit und Zukunft nicht „blockierend über die aktuelle Wahrnehmung legen und andererseits die Gegenwart im Sinn einer Verfallenheit an das Jetzt nicht herkunfts- und zukunftsvergessene Züge annimmt."[173] Das von Gott gestiftete Gedächtnis an die Erlösung durch Jesus Christus ragt gleichsam hinein in die Gegenwart und vermag die Belastung der Vergangenheit durch Leid, Schuld und Trauer zu verwandeln. Christus, der sich freiwillig in den Tod gegeben und noch im Sterben seinen Peinigern verziehen hat, kann den Blick auf eigene und fremde Schuld verändern und vergebendes, versöhntes Leben mit sich selbst und anderen eröffnen. „Die österliche Freude, die im rituellen Vollzug des Paschamysteriums gegenwärtig wird, bietet einen Vorschein neuen Lebens. Die

Eucharistie kann daher ein Katalysator für einen befreiten Umgang mit dem Vergangenen sein."[174] So aber kann eine neue Qualität des Lebens in der Gegenwart wachsen und Vergangenheit und Gegenwart sind gesegnet, „gut" geheißen und wir können getrost der Zukunft, der Vollendung durch Gott entgegengehen.

Eucharistie – und so auch eucharistische Anbetung – führt nicht dazu, der Gegenwart zu entfliehen, sondern sich ihr tiefer zu stellen. Nicht die Fluchtbewegung – in eine idealisierte Vergangenheit oder eine ekstatisch erlebte Zukunft – zeichnet diejenigen aus, die Eucharistie feiern und sie verehren, sondern neue „Vergegenwärtigung", neues Ankommen in der Gegenwart. Nicht nur für sich selbst, sondern auch für andere. Denn es ist angemessen, so Tück, dass „sich der Empfang des Leibes Christi [oder die Anbetung, A.H.] in die leibliche Präsenz für die anderen übersetzt"[175].

Nun ist es allerdings eigentlich nicht so – auch darauf weist Jan-Heiner Tück hin –, dass wir in der eucharistischen Betrachtung Christus gleichsam in unser Leben hineinholen. Vielmehr werden wir von ihm in seinen Horizont hineingenommen. So kann sich auch unser Leben wandeln. „Wer sich die Zeit nimmt und seine von Sorgen durchsetzte Gegenwart bewusst in die Gegenwart Christi hineinstellt, der wird sein Leben mit anderen Augen, genauer mit den Augen des Anderen sehen"[176], der wird sein Leben also mit den Augen Christi betrachten. Sein Blick ist ein liebender Blick, nicht in dem Sinn, dass er das Schwere oder auch das Schuldige nur verschwommen oder gar nicht sähe. Im Gegenteil: Es ist der wahrhaftige und ehrliche, zugleich aber der mitfühlende Blick, der heilt und sehend hervorlockt, was alles noch möglich ist. Das gilt für den einzelnen Beter, die einzelne Beterin, aber wohl auch für die miteinander betende Gemeinschaft.

Es geht in der Eucharistie – das zeigen auch die Hochgebete – also beileibe nicht nur um die „Wandlung" von Brot und Wein. Es geht um unsere Wandlung. Maurice Blondel spricht von ihr als „moralischer Transsubstantiation“ und betet: „Mein Gott, lass mich sein wie gutes Brot und sprich dann über mich die Worte der Wandlung.“[177] „Die *Verwandlung der Gaben* wird so zur *Gabe der Verwandlung* für den, der sie gastlich empfängt“[178], sich ihr in der Anbetung aussetzt oder mit dem eucharistischen Brot in der Monstranz gesegnet wird: Verwandlung, Veränderung meines Denkens, meiner Worte, meiner Taten (vgl. Schuldbekenntnis). Befreiung zu mir selbst, zu anderen, zu Gott. Erlösung für ein Leben im Dienst und Geist Jesu Christi, ganz konkret im Heute meines Lebens.

Ganz anschaulich wird diese durch Christus geschenkte Wandlung in der Erzählung der Emmausjünger (Lk 24, 13–35). Aus den beiden enttäuschten Jüngern, die mit leeren Herzen unterwegs sind und von Jerusalem, der Stätte der verlorenen Hoffnung fliehen, werden beherzte Menschen, die mit innerem Feuer zurückeilen, um dort, wo die Hoffnung erloschen war, neue Freude und Zuversicht zu entzünden. Dazwischen liegen die Begegnung mit Jesus auf dem Weg und das Segnen und Brechen des Brotes, bei dem ihnen Herz und Augen geöffnet wurden.

In Köln 2005 hat Papst Benedikt XVI. bewegende Worte zum Aspekt der Wandlung gefunden. Er spricht von einem „*Prozess* der Verwandlungen“, der im Abendmahlssaal in Gang gesetzt wurde:

> „Indem [Christus] Brot zu seinem Leib und Wein zu seinem Blut macht und austeilt, nimmt er seinen Tod vorweg, nimmt er ihn von innen her an und verwandelt ihn in eine Tat der Liebe. Was von außen her brutale Gewalt ist – die Kreuzigung –, wird von innen her ein Akt der Liebe, die sich selber schenkt, ganz und gar. Dies ist die eigentliche Wandlung, die im Abendmahlssaal geschah und die dazu bestimmt war, einen Prozess der Verwandlungen

> in Gang zu bringen, dessen letztes Ziel die Verwandlung der Welt dahin ist, dass Gott alles in allem sei (vgl. 1 Kor 15,28) … Brot und Wein werden sein Leib und sein Blut. Aber an dieser Stelle darf die Verwandlung nicht Halt machen, hier muss sie erst vollends beginnen. Leib und Blut Jesu Christi werden uns gegeben, damit wir verwandelt werden. Wir selber sollen Leib Christi werden, blutsverwandt mit ihm. … Anbetung wird … Vereinigung. Gott ist nicht mehr bloß uns gegenüber der ganz Andere. Er ist in uns selbst und wir in ihm."[179]

Dieser Prozess der Wandlung kommt auch in der Übersetzung des Gabengebetes vom 14. Sonntag im Jahreskreis durch Alex Stock schön zum Ausdruck: „Die Gabe, Herr, deinem Namen geweiht, reinige uns und wandle uns Tag um Tag zu himmlischer Lebensweise." Während im deutschen Messbuch der lateinische Begriff *caelestis vita* mit „neues Leben" wiedergegeben ist, bleibt Alex Stock bei der wörtlichen Übersetzung „himmlische Lebensweise" und schreibt interpretierend dazu: „Die aus dem 8. Jahrhundert stammende Oration denkt bei der *caelestis vita* wohl an ein Leben, das in aller Alltäglichkeit Züge der Welt Gottes annimmt, in die man einzugehen hofft."[180] „Tag für Tag" soll das passieren – eine Dynamik wird also in Gang gesetzt, es soll etwas wachsen mitten in unserem Leben, sich immer stärker hinein verflechten in den alltäglichen Trott und ihn von innen heraus verwandeln. Dies gilt sicher in erster Linie vom Empfang dieser Gabe in der Kommunion, aber auch vom meditativen Blick in der Anbetung.

➪ *Beim Verweilen vor der Eucharistie verbinde ich mit dem Atem das Wort: „Gesegnet bist du, Christus, Brot des Lebens", „Christus, segne mich (uns)" oder „Christus, sprich Worte der Wandlung über mich (uns)".*

↳ *Eucharistisch leben heißt: mich auf einen Weg der Wandlung, der Umkehr und Veränderung einlassen. Das braucht auch eine nötige Distanz – der heilige Alfons würde vom „distacco“, dem Abstand nehmen sprechen – zu mir selbst, meinen „Komfortzonen“ und Bequemlichkeiten. Veränderung ist nicht nur angenehm, sondern oft genug herausfordernd. Ein Leben, das sich aus der Eucharistie herleitet, wird geleitet von der Hoffnung, dass der Prozess der Verwandlung längst schon eingesetzt hat – im Abendmahlssaal.*

MARIA, DIE EUCHARISTISCHE FRAU

„In ihrem ganzen Leben ist Maria eine ‚eucharistische' Frau" (Johannes Paul II., *Ecclesia de Eucharistia,* Nr. 53). Dieser Satz ist mir hängen geblieben. Aber wie genau ist das zu verstehen? Dass Maria nach Ostern „Eucharistie" mitgefeiert und empfangen hat, bleibt – auch wenn es in einer Papstenzyklika steht – eher fromme Vermutung als Faktum. Wie kann dann aber eine Verbindung zwischen Maria und der Eucharistie überhaupt hergestellt werden? Auffallend ist, dass Maria in der lateinischen Liturgie und mehr noch in der byzantinischen Liturgie einen prominenten Platz hat. Und auch wenn nirgendwo bezeugt ist, dass Maria am „Brotbrechen" der ersten Gemeinden teilgenommen hat, hat es einen tiefen Sinn, dass das Gedenken an sie seinen Platz in der Eucharistiefeier hat. Einigen Gedanken dazu möchte ich hier Raum geben und damit die alte redemptoristische Tradition aufnehmen, am Ende den Blick auf Maria zu richten.[181]

Auch der heilige Alfons von Liguori beschließt ja jede seiner „Besuchungen" mit einem Gruß an Maria. Dabei geht es ihm allerdings in erster Linie darum, Maria als Fürsprecherin, Mutter und Zuflucht der sündigen Menschen anzusprechen. Er weiß sich selbst als einen Menschen, der nicht immer im Sinne Gottes lebt und der eine Hilfe braucht, um wirklich als liebender Mensch leben zu können. Deshalb bittet er: „Dich bitte ich um die wahre Liebe zu Jesus Christus" (Schlussgebet für jeden Tag). Immer neue Bilder findet er, um die Hilfe auszudrücken, die er von Maria erfährt: Sie ist für ihn die „Schatzmeisterin der Gnade“ (10. Tag), die „vom Himmel gesandte Ärztin“ (16. Tag), das „öffentliche Krankenhaus für die Sünder“ (18. Tag), ein „Tor in die Freiheit“ (26. Tag), eine „Brücke, auf der Gott zu den Menschen steigt“ (26. Tag), ein „Rettungshafen“ (28. Tag). Bei Alfons ist dies alles nicht so gemeint, als hätte der Mensch keinen freien Zugang zu Jesus. Seine Texte in den „Besuchungen“ zeigen ja gerade eine tiefe Intimität mit Jesus. Aber Alfons weiß, dass er selbst nicht ideal ist, und nimmt das auch von keinem anderen Menschen an. Er weiß, dass er eine Hilfe an der Seite braucht, um sein Leben dem anziehenden Ideal anzunähern. Und diese Hilfe ist für ihn Maria. So sagt er mit einem gewissen Pelbartus (vielleicht der Franziskaner Pelbart von Temesvar [1435–1509]): „Marienverehrung ist eine Kette, die uns zum Himmel zieht“ (3. Tag). Und doch schreibt Alfons auch: „Selig ist, wer, wie ein Armer an der Tür eines Reichen, vor den Toren des Erbarmens unserer Mutter bereitsteht, um die gütige Gabe der Gnade von ihr zu erbitten! Aber noch seliger jene, die sich mühen, die Tugenden der Gottesmutter nachzuahmen, besonders ihre Reinheit und Demut“ (11. Tag). Alfons lädt also ein, sich an Maria und ihrem Leben zu orientieren.

Bilder und Sprache des heiligen Alfons mögen uns heutigen Menschen fremd sein. Aber seine beiden Einsichten – dass wir vieles nicht alleine schaffen (müssen) und dass wir auf Maria als Vorbild schauen dürfen – gelten auch für heute. Sowohl Papst Johannes Paul II. als auch Papst Benedikt XVI. haben das in ihren Schreiben zur Eucharistie aufgegriffen. Sie kommen dabei auf die beiden zentralen Geheimnisse des Lebens Jesu zu sprechen, die auch für den heiligen Alfons und für alle, die in seiner Tradition stehen, im Zentrum stehen: Menschwerdung und Passion. So schreibt Papst Johannes Paul II. in *Ecclesia de Eucharistia*:

„Im Mysterium der Menschwerdung hat Maria auch den eucharistischen Glauben der Kirche vorweggenommen. Beim Besuch bei Elisabet trägt sie das fleischgewordene Wort in ihrem Schoß und wird in gewisser Weise zum ‚Tabernakel' – dem ersten ‚Tabernakel' der Geschichte –, in dem sich der Sohn Gottes, der für die Augen der Menschen noch unsichtbar ist, der Anbetung Elisabets darbietet und sein Licht gleichsam durch die Augen und die Stimme Mariens ‚aufleuchtet'" (Nr. 55).

Mich erinnert das an die Ikone der so genannten „Muttergottes des Zeichens", in der gleichsam wie in einer Monstranz das Kind Jesus mit der Segensgeste in den Leib Mariens eingeschrieben ist. Es ist nicht nur Berufung Mariens, „Tabernakel" zu sein. Es ist auch Berufung jeder Christin, jedes Christen. Auch wir sollen ihn mit unserem ganzen Sein „zur Welt bringen", ihn hineintragen in diese Welt mit all ihren Brüchen und auch mit all ihrer Schönheit. Jesu Licht soll nun durch die Augen, durch die Stimme derer aufleuchten, die Eucharistie feiern und Jesus Christus in ihr anbetend verehren. Das ist ein Stück „eucharistisch leben".

Maria ist auch diejenige, die gemäß dem Johannesevangelium (Joh 19,26–27) am Fuß des Kreuzes ausharrt. Dieses „Drama des gekreuzigten Sohnes" (Nr. 56) hat sich schon in seinem Leben angekündigt. Maria willigt darin ein, verbindet ihr eigenes Leben mit dem ihres Sohnes und nimmt – so Johannes Paul II. – die Eucharistie als „Gedächtnis des Leidens Christi" vorweg (ebd.). Das ruft mir eine andere Marienikone in den Sinn, die in den Gemeinschaften redemptoristischer Spiritualität eine besondere Rolle spielt und durch die „Volksmission" in die Kirchen der ganzen Welt gebracht wurde: die Ikone der „Mutter von der Immerwährenden Hilfe" oder auch „Die Jungfrau von der Passion" genannt. In ihr weist Maria auf das gefährdete, verwundbare Kind Jesus hin und ist gleichsam selbst ein Thron für dieses Kind, „exponiert“ es. Die Leidenswerkzeuge aber – Lanze, Schwamm, Kreuz – stehen auf Goldhintergrund, der Zeichen für den Sieg der Auferstehung und des neuen Lebens ist, das allen Menschen verheißen ist. Maria zeigt sich hier als die solidarische Frau, die stehen bleibt, die präsent bleibt, wo andere fliehen. Diese Solidarität mit dem gefährdeten Leben, wo immer es sich zeigt, ist ein wichtiges Kennzeichen eines aus der Eucharistie genährten Christseins.

Schließlich weist Papst Johannes Paul II. auf eine „eucharistische Sichtweise“ des großen Lobliedes Mariens, des Magnifikat, hin. Maria singt dieses Lied (Lk 1,46–55) als schwangere Frau, die Jesus in ihrem Leib trägt. Es ist ein Lob- und Danklied auf Gottes große Taten. Danken und Loben, das ist Wesen der Eucharistie und das ist Frucht der Eucharistie. Eucharistisch leben heißt, wie Maria das Lob und den Dank für das Geschenk des Lebens, unseres eigenen, das der anderen und des Lebens Jesu, nicht vergessen. Und noch etwas kommt hinzu:

> „Jedes Mal, wenn sich der Sohn Gottes in der ‚Armut‘ der sakramentalen Zeichen von Brot und Wein uns zeigt, wird der Keim jener neuen Geschichte in die Welt gelegt, in der die Mächtigen vom Thron gestürzt und die Niedrigen erhöht werden (vgl. Lk 1,52). Maria besingt diesen ‚neuen Himmel‘ und diese ‚neue Erde‘, die in der Eucharistie ihre Vorwegnahme und in einem gewissen Sinn ihr programmatisches ‚Bild‘ finden. … Die Eucharistie ist uns gegeben, damit unser Leben, so wie das Leben Marias, ganz und gar ein *Magnificat* sei!“ (*Ecclesia de Eucharistia*, Nr. 61)

Wohlgemerkt: *Ganz und gar* ein Magnifikat – also nicht nur Lobpreis, sondern auch Benennung von Unrecht und Ausblick auf eine gerechtere Welt! Dafür sich einzusetzen, nach Kräften mitwirken im Bewusstsein, dabei (nur) Mitarbeiter, Mitarbeiterin Gottes zu sein – das heißt „eucharistisch leben"!

Ich möchte noch Stichworte aufgreifen, die mich in den Meditationen über die Eucharistie geleitet haben. Das Leben Marias, wie es sich in den Evangelien darstellt, spiegelt einige von ihnen wider. Da war das Wort „geistvoll". In den Schriften des Neuen Testaments wird Maria als die Frau dargestellt, die Gottes Botschaft und Verheißung in sich willkommen heißt, die ihr Leben öffnet, um sie zu empfangen. Sie ist die geist-volle Frau, die das Wirken des Heiligen Geistes in sich zulässt und so ihrer Berufung entgegenreift. Sie „exponiert" sich, setzt ihr Leben dem Wehen des Heiligen Geist aus, steht für andere ein, auch wenn ihr Einsatz nicht gleich Anklang findet (vgl. Joh 2,1–12), und stellt sich öffentlich an die Seite des sterbenden Jesus. Alfons von Liguori findet dafür ein sprechendes Bild: „‚Wie ein kostbarer Ölbaum in den Feldern bin ich', (Sir 24,14), sagt Maria, wie ein köstlicher Ölbaum, von dem immerfort das Öl der Barmherzigkeit kommt; ich stehe auf freiem Felde, so dass alle mich sehen, alle zu mir kommen können" (6. Tag). Nach diesem Vergleich versteckt sich Maria nicht, wie man sich manchmal angesichts der schreienden Not verbergen möchte. Sie bleibt sichtbar, zugänglich, anfragbar, bereit sich einzusetzen. Sie verbindet ihr Leben mit dem anderer. Sie verbindet ihr Leben mit der entstehenden Gemeinde der Jesusjünger und -jüngerinnen (Apg 1,14). Ihr wird von Elisabeth zugesagt, dass sie die „gesegnete" Frau ist, und in ihrem Loblied sieht Maria sich selbst so. Der Segen Gottes, der über ihr liegt, verwandelt die „niedrige Magd" in eine Große der Geschichte (vgl. Lk 1,48).

Wer wissen will, was „eucharistisch leben" heißt, kann auf Maria schauen. Denn: „Maria von Nazaret, die Ikone der entstehenden Kirche, ist das Vorbild dafür, wie jeder von uns das Geschenk empfangen soll, zu dem Jesus in der Eucharistie sich selbst macht" (Benedikt XVI., *Sacramentum Caritatis,* Nr. 33). Auch wer anbetend vor Jesus im eucharistischen Brot verweilt, kann an Maria absehen, was es heißt, so zu leben, wie es dem Geheimnis der Eucharistie entspricht. „Wir müssen *werden*, was Maria ist", so drückt es Gisbert Greshake in seiner Mariologie aus.[182] Ja, Maria ist die „eucharistische Frau". Und alle, die Eucharistie feiern und Jesus Christus in der Gestalt des Brotes verehren, sind gerufen, sich immer neu der verwandelnden Begegnung mit ihm auszusetzen und im Prozess ihres Lebens zu werden, was Maria schon ist: eucharistische Frauen und Männer.

DANK

In diesem Buch war oft vom Danken und der Dankbarkeit die Rede. So möchte auch ich am Ende meine Dankbarkeit ausdrücken: Allen gegenüber, die mich in die Feier und Theologie der Eucharistie eingeführt haben, vor allem Prof. Dr. Gisbert Greshake. Allen, die in mir Geschmack geweckt haben für die Gebetsform der eucharistischen Anbetung. Ich danke Sr. Michaela Maria Holzner MSsR und P. Dr. Hans Schalk CSsR, die Teile des Manuskripts vorweg gelesen und mich ermutigt haben, weiter daran zu arbeiten. Prof. Dr. Josef Freitag hat Korrektur gelesen und mir wertvolle Hinweise gegeben. Das Gespräch mit Dr. Christoph Benke hat meine Gedanken in Fluss gebracht. Frau Brunhilde Steger vom Lektorat des Tyrolia-Verlages hatte stets ein offenes Ohr für mich. Nicht zuletzt danke ich meinen Mitschwestern, die mir den Raum gegeben haben, dieses Buch zu schreiben, mit denen ich Woche für Woche im Gebet vor Christus in der Eucharistie verbunden und auf einem steten Weg der Wandlung bin.

Sr. Anneliese Herzig MSsR

ANMERKUNGEN

1 Vgl. nur sein Büchlein: Besuchungen des Allerheiligsten Altarssakramentes [sic!] und der Gottesmutter vom hl. Alfons Maria von Liguori. Neubearbeitung durch P. Dr. Gerhard Westerhoff CSsR. Mit einem Geleitwort von P. Dr. Peter Lippert CSsR, Bonn 1982.

2 Ernst, Stephan, Wandlung unserer Praxis. Der Zusammenhang von eucharistischer Feier und mitmenschlichem Handeln, in: Haunerland, Winfried (Hg.), Mehr als Brot und Wein. Theologische Kontexte der Eucharistie, Würzburg 2005, 201–220.

3 Ernst, Wandlung unserer Praxis, 215.

4 Ebd., 216f.

5 Bachl, Gottfried, Eucharistie. Macht und Lust des Verzehrens, St. Ottilien 2008, 135.

6 http://w2.vatican.va/content/paul-vi/de/encyclicals/documents/hf_p-vi_enc_03091965_mysterium.html (Zugriff: 30.05.2017).

7 https://w2.vatican.va/content/john-paul-ii/de/apost_letters/2004/documents/hf_jp-ii_apl_20041008_mane-nobiscum-domine.html (Zugriff: 30.05.2017).

8 http://w2.vatican.va/content/benedict-xvi/de/apost_exhortations/documents/hf_ben-xvi_exh_20070222_sacramentum-caritatis.html (Zugriff: 30.05.2017).

9 Herzig, Anna Elisabeth, Eucharistische Anbetung. Problemanalyse und Grundzüge eines erneuerten Verständnisses, Wien, Masch. Skript 1981. Siehe auch: dies., „Aussetzung". Gedanken zur eucharistischen Anbetung, in: charismen 27 (2015) H. 2, 8–11.

10 Herzig, Eucharistische Anbetung, 3f.

11 Michal, Benedikt, in: missiothek 1403, 11.

12 Siehe dazu: Nissing, Hanns-Gregor / Süß, Andreas (Hrsg.), Nightfever. Theologische Grundlegungen, München 2013.

13 https://de.wikipedia.org/wiki/Eucharistische_Anbetung (Zugriff: 02.01.2017).

14 Zu diesen Fragen ähnlich auch: Orth, Stefan, Runde Sache? Der Nationale Eucharistische Kongress in Köln, in: HerKorr 67 (2013) 344–349, dort 347.

15 Arnold, Matthias / Thull, Philipp, Theologie und Spiritualität des Betens. Handbuch Gebet, Freiburg i. Br. 2016.

16 Vgl. ebd., 119.

17 Vgl. ebd., 141f.

18 Vgl. z. B. … bis du kommst in Herrlichkeit. Anregungen und Impulse zur Feier und Verehrung der Eucharistie. Hg. von den Liturgischen Instituten Deutschlands, Österreichs und der deutschsprachigen Schweiz, Trier 2005.

Eine interessante Ausnahme: Verehrung und Anbetung. Meditation. Informationen und Termine. Material und Medien. Impulse für die Pastoral 4/2008 (Freiburg i. Br.).

19 Lies, Lothar, Mysterium fidei. Annäherung an das Geheimnis der Eucharistie, Würzburg 2005; Tück, Jan-Heiner, Gabe der Gegenwart. Theologie und Dichtung der Eucharistie bei Thomas von Aquin, Freiburg i. Br. 2009; Hoping, Helmut, Mein Leib für euch gegeben: Geschichte und Theologie der Eucharistie, 2. erw. Auflage Freiburg i. Br. 2015.

20 http://www.vatican.va/holy_father/special_features/encyclicals/documents/hf_jp-ii_enc_20030417_ecclesia_eucharistia_ge.html (Zugriff: 30.05.2017).

21 Vgl. Konzil von Trient, 13. Sitzung, *Dekret über das Sakrament der Eucharistie*, Kan. 4: DH 1654.

22 Vgl. *Rituale Romanum: De sacra communione et de cultu mysterii eucharistici extra Missam*, 36 (n. 80).

23 Vgl. *ebd.*, 38–39 (nn. 86–90).

24 Johannes Paul II., Apostolisches Schreiben *Novo Millennio ineunte* (6. Januar 2001), Nr. 32, in: Verlautbarungen des Apostolischen Stuhls 150, Bonn 2001.

25 Vgl. z. B. Paul VI., Enzyklika *Mysterium Fidei* (3. September 1965): AAS 57 (1965), 771.

26 Das Zitat stammt aus: Benedikt XVI., *Ansprache an die Römische Kurie* (22. Dezember 2005), in: AAS 98 (2006) 45.

27 Benedikt XVI., Predigt bei der Vesper am 11. September 2006, in: Verlautbarungen des Apostolischen Stuhls 174, Bonn 2006.

28 http://w2.vatican.va/content/francesco/de/apost_exhortations/documents/papa-francesco_esortazione-ap_20131124_evangelii-gaudium.html (Zugriff: 30.05.2017).

29 Vgl. Rahner, Karl, Über die Besuchung des Allerheiligsten, in: ders., Sendung und Gnade. Beiträge zur Pastoraltheologie, Innsbruck 1966, 215–231, hier 218.

30 Herzig, Eucharistische Anbetung, 63. Natürlich gilt das auch für Beterinnen – 1981 war geschlechtersensible Sprache noch nicht aktuell!

31 Relevant dazu sind immer noch die Aufsätze von Peter Browe SJ (1876–1949), publiziert in: Browe, Peter, Die Eucharistie im Mittelalter. Liturgiehistorische Forschungen in kulturwissenschaftlicher Absicht. Mit einer Einführung herausgegeben von Hubertus Lutterbach und Thomas Flammer, Münster ^{6}2011. Siehe auch Nussbaum, Otto, Die Aufbewahrung der Eucharistie, Bonn 1979; Burkhard, Dominik, Nähe und Distanz. Eucharistische Frömmigkeit im Mittelalter, in: Haunerland, Winfried (Hg.), Mehr als Brot und Wein. Theologische Kontexte der Eucharistie, Würzburg 2005, 73–96; Hoping, Helmut, Mein Leib für euch gegeben.

32 Hoping, Mein Leib für euch gegeben, 182.

33 Z.B. Helmut Hoping, op.cit.; Jorissen, Hans, Art. Abendmahlsstreit, in: LThK[3] Bd. 1, Freiburg i. Br. u. a. 1993, 36–39. Karl-Heinz Menke dagegen meint, dass beiden Kontrahenten die „alte" Denkform abhandengekommen ist: ders., Sakramentalität. Wesen und Wunde des Katholizismus, Regensburg [2]2012, 138.

34 Vgl. Hoping, Mein Leib für euch gegeben, 182–197. Dahinter verbergen sich philosophiegeschichtlich der Abschied vom platonisch-neuplatonischen Denken und die Hinwendung zu Aristoteles.

35 Browe, Die Eucharistie im Mittelalter, 497, vgl. auch Burkhard, Nähe und Distanz, 87.

36 Die Dramatik schildert anschaulich: Izbicki, Thomas M., The Eucharist in Medieval Canon Law, Cambridge 2015, 102f. Er weist auch auf die Konsequenzen hin, die die Elevation für die Gewänder des Priesters mit sich brachte.

37 Vgl. Hoping 222f.

38 Zum Beispiel die Wallfahrt zum Heiligen Blut in Walldürn, Erzdiözese Freiburg/Deutschland.

39 Ungenießbare Hostien wurden gegebenenfalls verbrannt und so „beerdigt". Die alten Kirchen des Ostens haben übrig gebliebenes konsekriertes Brot auch vergraben oder in Brunnen geworfen. Diese Praxis wurde von der Kirche des Westens abgelehnt. Vgl. Browe 383.

40 Das „ewige Licht", das bis heute römisch-katholische Kirchen kenntlich macht, ist gewissermaßen der Nachfolger der Lichter, die man an den Gräbern der Toten, später auf den Altären, unter denen die Heiligen begraben waren, aufzustellen pflegte. Vgl. Burkhard, Nähe und Distanz, 94.

41 Burkhard, Nähe und Distanz, 80.

42 Vgl. ebd., 78.

43 Vgl. Nussbaum, Die Aufbewahrung der Eucharistie, 139–142.

44 Vgl. Heinz, Andreas, Art. Fronleichnam. II. Prozession, in: LThK[3] Bd. 4, Freiburg i. Br. u. a. 1995, 173f.

45 Browe, Die Eucharistie im Mittelalter, 399.

46 Ebd., 410.

47 Vgl. dazu als ein Beispiel: Weiß, Wolfgang, Corporis-Christi-Bruderschaften und Ewige Anbetung. Zur Entwicklung der eucharistischen Verehrung im Bistum Würzburg, In: Haunerland, Winfried (Hg.), Mehr als Brot und Wein, 97–118.

48 Instruktion *Eucharisticum mysterium* (1967) dt.: Kommunionspendung und Eucharistieverehrung außerhalb der Messe. Studienausgabe. Hg. von den Liturgischen Instituten Salzburg, Trier, Zürich, Freiburg i. Br. 1976. Instrukti-

on *Redemptionis Sacramentum* über einige Dinge bezüglich der heiligsten Eucharistie, die einzuhalten und zu vermeiden sind (25.03.2004) Nr. 129–145, in: Verlautbarungen des Apostolischen Stuhls 164.

49 Vgl. auch Burkhard, Nähe und Distanz, 76.

50 Ebd., 93f. – Fraglich ist, ob die eucharistische Anbetung wirklich „zunehmend vermisst" wird.

51 Die katholischen Ostkirchen haben die Verhüllung zur Kennzeichnung des Mysteriums weiterhin bewahrt und halten so diese alte Tradition wach. Auch hier gilt das schöne Bild von den beiden Lungenflügeln, mit denen die Kirche atmen lernen soll!

52 Vgl. DH 1643.

53 Vgl. Rahner, Über die Besuchung, 222.

54 Vgl. Bachl, Eucharistie, 129–143.

55 Vgl. dazu z.B. http://www.ewige-anbetung.de/Hilfen/12_Grunde/12_grunde.html (Zugriff: 05.01.2017)

56 Siehe die Grundlinien eucharistischer Spiritualität im Anhang des Apostolischen Schreibens von Papst Johannes Paul II. *Mane nobiscum Domine,* in: http://www.dbk-shop.de/media/files_public/xieqwojh/DBK_2167.pdf (Zugriff: 09.06.2017) sowie Benke, Christoph, Mit Gott an einem Tisch. Kommunion als Leitmotiv christlicher Spiritualität, Innsbruck 2013, und Pichler, Albert, Eucharistische Lebenskultur. Eucharistie im Leben – Leben in der Eucharistie, Saarbrücken 2016.

57 Das gilt natürlich in erster Linie für die ehrfürchtige Mitfeier der Eucharistie und für die Kommunion, aber eben auch für die eucharistische Anbetung, die in der Eucharistiefeier Ursprung und Ziel hat.

58 Für das Folgende siehe: Nebel, Richard u.a., Art. Anbetung, in: LThK[3] Bd.1, Freiburg i. Br. u. a. 1993, sowie Krause, Ursula, Art. Anbetung, in: Schütz, Christian (Hg.), Praktisches Lexikon der Spiritualität, Freiburg i.Br. 1992, 40–43.

59 Art. Anbetung. II. Biblischer Befund, in: LThK[3], 609.

60 Vgl. Lambert, Willi, Zeiten zum Aufatmen. Seelsorge und christliche Lebenskultur, Ostfildern 2008, 18–20.

61 Vgl. Bamberg, Corona, „In deiner Größe bin ich groß". Anbetung als Erweis der Freiheit, in: GuL 49 (1976) 249–264, hier 254.

62 Vgl. ebd., 252.

63 Virt, Günter, Art. Anbetung. IV. Praktisch-theologisch, in: LThK[3], 610.

64 Bamberg, „In deiner Größe bin ich groß", 255.

65 Weismayer, Josef, Art. Anbetung. III. Systematisch-theologisch, in: LThK[3], 609.

66 Bamberg, „In deiner Größe bin ich groß", 256.

67 Vgl. Segbers, Franz, Die Welt verwandeln. Eucharistie feiern angesichts des Hungers in der Welt, in: Anzeiger für die Seelsorge H. 4 (2014) 11–14, hier 12.

68 Bamberg, „In deiner Größe bin ich groß", 258.

69 Ebd., 259.

70 Delp, Alfred, Gesammelte Schriften Bd. 4. Aus dem Gefängnis, Frankfurt 1984, 236.

71 Cantalamessa, Raniero, Gottheit tief verborgen. Das Geheimnis der Eucharistie im Licht großer Hymnen, Freiburg i. Br. 2006, 25.

72 Bamberg, „In deiner Größe bin ich groß", 263.

73 Ebd., 263.

74 Dass es kaum Formen der Verehrung des konsekrierten Weines außerhalb der Messe gibt, mag u. a. darin begründet sein, dass man für die Kommunion der Kranken und Sterbenden – also dem ersten Zweck der Aufbewahrung – aus praktischen Gründen nur die konsekrierten Hostien verwendet hat.

75 Hoping, Mein Leben für euch gegeben, 459.

76 Ratzinger, Joseph, Das Problem der Transsubstantiation und die Frage nach dem Sinn der Eucharistie, in: Gesammelte Schriften 11, 271–298, hier: 292, zitiert bei: Hoping, Mein Leben für euch gegeben, 462.

77 Vgl. Hoping, Mein Leben für euch gegeben, 465f. (dort mit Verweis auf Überlegungen von Josef Wohlmuth).

78 Ebd., 463.

79 Vgl. u. a. auch Fornet-Ponse, Thomas, Brot als Speise im Festmahl. Xavier Zubiris Eucharistieverständnis als Grundlage einer Eucharistie der Gemeinschaft, in: Prüller-Jagenteufel, Gunter u. a., Sehnsucht Brot. Auf dem Weg zu einer globalen Tischgemeinschaft, Aachen 2015, 129–137.

80 Siehe dazu die Instruktion *Eucharisticum Mysterium* 3e von 1967. Vgl. auch Lies, Mysterium fidei, 245f.

81 *Eucharisticum Mysterium*, 55.

82 *Eucharisticum Mysterium*, 50.

83 Emminghaus, Johannes, Verehrung der Eucharistie außerhalb der Messe, in: Bibel und Liturgie 45 (1972) 207–223, hier 210.

84 Vgl. Fischer, Balthasar, „Realisieren", was Eucharistie ist, in: TThZ 86 (1977) 1–10. Fischer bezieht sich darin jedoch nicht nur auf die eucharistische Anbetung, sondern überhaupt auf unterschiedliche Wege der Vertiefung in das Geheimnis der Eucharistie. Siehe dazu auch Herzig, Eucharistische Anbetung, 35–39.

85 Siehe dazu: http://www.duden.de/rechtschreibung/realisieren (Zugriff: 11.02.2017).

86 Vgl. Fischer, „Realisieren", was Eucharistie ist, 2.

87 Pichler, Eucharistische Lebenskultur.

88 Vgl. Lies, Mysterium fidei, 101f.

89 Vgl. Hoping, Mein Leben für euch gegeben, 467f. (dort mit Verweis auf Überlegungen von Josef Wohlmuth).

90 Augustinus, Confessiones VII, 10 (CCL 27,104), zitiert bei: Hoping, Mein Leben für euch gegeben, 471.

91 Textvariante „Im Schauen auf dein Antlitz …“ und Melodie von W. Pilz in: du mit uns. Neue Lieder für Jugend und Gemeinde, Heiligenkreuz a. W. [2]2008, Nr. 540.

92 Vgl. Tück, Gabe der Gegenwart, 346f.

93 Hoping, Mein Leben für euch gegeben, 469.

94 Vgl. Groen, Basilius J., Liturgie und Armut: Der Gottesdienst vor und nach dem Gottesdienst, in: Neuhold, Leopold und Neureiter, Livia (Hg.), Muss arm sein? Armut als Ärgernis und Herausforderung, Innsbruck 2008, 104–156, hier 112.

95 Hl. Johannes Chrysostomus, *In Evangelium S. Matthaei homiliae*, 50, 34: PG 58, 508–509; vgl. Johannes Paul II., Enzyklika *Ecclesia de Eucharistia*, Anm. 34.

96 Heinz, Art. Fronleichnam, 173.

97 Vgl. dazu z. B. Gutiérrez, Gustavo, Gott oder das Gold. Der befreiende Weg des Bartolomé de las Casas, Freiburg i. Br. 1990; Galeano, Eduardo, *Die offenen Adern Lateinamerikas: die Geschichte eines Kontinents von der Entdeckung bis zur Gegenwart.* 16., erw. Aufl., Wuppertal 2002.

98 Vgl. Grundordnung des römischen Messbuchs (12. Juni 2007) Nr. 327–334, in: http://www.dbk.de/fileadmin/redaktion/veroeffentlichungen/arbeitshilfen/AH_215.pdf (Zugriff: 08.06.2017) sowie Kongregation für den Gottesdienst und die Sakramentenordnung, Instruktion *Redemptionis Sacramentum* über einige Dinge bezüglich der heiligsten Eucharistie, die einzuhalten und zu vermeiden sind (25. März 2004) Nr. 117, in: http://www.dbk-shop.de/media/files_public/wxjxnkbwn/DBK_2164.pdf (Zugriff: 08.06.2017).

99 Dabei gab und gibt es wohl auch die Gefahr, dass man sich gegenseitig übertrumpfen und zeigen will, was man sich leisten kann.

100 Klafka, Zdzisław, Alla scuola della gratitudine di sant'Alfonso Maria dè Liguori, unveröff. Manuskript.

101 Vgl. Casey, Con, Art. Eucharist, in: Lexicon of Redemptorist Spirituality. Ed. by Sean Wales CSsR and Dennis Billy CSsR, Rome 2011 (o. S.).

102 Siehe Anm. 1.

103 Ebd., 6.

104 Erstellt mit: www.wortwolken.com auf Grundlage des Textes von 1982. Ähnliche Ergebnisse zeigen sich auch in anderen Sprachen.

105 Besuchungen (1982), 8.

106 Auffallend in den „Besuchungen" ist, dass Alfons hier als vierte Dimension nach der Inkarnation einfügt: „dann als Armer in einer Werkstatt" (6. Tag). Damit ist das irdische, in Nazareth verborgene Leben, wie es später Charles de Foucauld so herausgestellt hat, ebenso als eine der „Erfindungen" Gottes markiert, durch die er die Liebe der Menschen gewinnen wollte. – Carl Hoegerl meint, dass dies vielleicht die erste Erwähnung der Trias von Krippe – Kreuz – Altar ist (Art. Crib-Cross-Sacrament, Lexicon of Redemptorist Spirituality, o. S.).

107 Alfons von Liguori, Jesus lieben lernen. Hg. von Bernhard Häring, Freiburg i. Br. 1982, 27.

108 Johnstone, Brian, Art. Passion, in: Lexicon of Redemptorist Spirituality, o. S.

109 Alfons von Liguori, Jesus lieben lernen, 24.

110 Vgl. Wales, Sean, Art. Devotions, in: Lexicon of Redemptorist Spirituality, o. S.

111 Siehe den Text der Ansprache in Englisch auf: http://iec2016.ph/7005/ (Zugriff: 23.02.2017).

112 Bachl, Eucharistie, 141.

113 Segbers, Franz, Die Hungerkrise und eine Eucharistische Vision für die ganze Ökumene, in: Geiger, Michaela u. a. (Hg.), Essen und Trinken in der Bibel. Ein literarisches Festmahl für Rainer Kessler zum 65. Geburtstag, Gütersloh 2009, 330–345, hier: 334.

114 Zitiert bei Segbers, Hungerkrise, 335.

115 Dass es auch bei uns Not und sogar Hunger gibt, soll damit nicht geleugnet werden. „Wir" steht hier insgesamt für unsere Gesellschaft und ihre Ausrichtung.

116 Kräutler, Erwin, Mein Leben ist wie der Amazonas. Aus dem Tagebuch eines Bischofs, Salzburg 1992, 51.

117 Segbers, Hungerkrise, 343f.

118 Gmainer-Pranzl, Franz, Brot brechen: liturgisches Ritual – kulturelle Symbolik – politische Praxis. Ein eucharistie- und befreiungstheologischer Anstoß, in: Sehnsucht Brot, 138–149, hier 149.

119 Vgl. Mette, Norbert, Hunger nach Gott – ja, Hunger nach Brot – nein, in: ebd., 150–164.

120 Brunner, Sebastian, Clemens Maria Hofbauer und seine Zeit. Miniaturen zur Kirchengeschichte von 1780 bis 1820, Wien 1858, 171.

121 Weiß, Otto, Begegnungen mit Klemens Maria Hofbauer. 1751–1820, Regensburg 2009, 66.

122 Vgl. Benke, Mit Gott an einen Tisch, 35.

123 Vgl. Gmainer-Pranzl, Brot brechen, 139.

124 Alfons von Liguori, Jesus lieben lernen, 30f.

125 Siehe dazu: https://www.headstogether.org.uk/northtrainingday/ (Zugriff:

23.02.2017).

126 Vgl. dazu Pichler, Eucharistische Lebenskultur, 159–168.

127 Cantalamessa, Gottheit tief verborgen, 20.

128 24. Tag, hier zitiert nach: Cantalamessa, Gottheit tief verborgen, 22. Die deutsche Übersetzung von 1982 gibt den Ausdruck so wieder: „nur die ganze Tiefe der Liebe wird hier offenbar".

129 Keul, Hildegund, Ritual und Sakrament, in: Haunerland, Mehr als Brot und Wein, 263–281, hier 278.

130 Ratzinger, Joseph, Das Problem der Transsubstantiation, zit. bei Tück, Gabe der Gegenwart, 328.

131 Siehe dazu Herzig, Anneliese, In der Spur Jesu. Leben nach den evangelischen Räten, Innsbruck 2012, 75–79.

132 Für das Folgende vgl. Herzig, Eucharistische Anbetung, 45–49 und die dort angegebenen Verweise.

133 Cantalamessa, Gottheit tief verborgen, 123. In Röm 8,32 heißt es, dass Gott „seinen eigenen Sohn nicht verschont hat".

134 Gerken, Alexander, Theologie der Eucharistie, München 1973, 220.

135 Vor allem Hans Urs von Balthasar hat auf diese unterschiedlichen, miteinander verknüpften Ebenen von Tradition, griech. *parádosis*, hingewiesen.

136 Durrwell, Franz-Xaver, Der Geist des Herrn. Tiefe Gottes – schöpferische Weite, Salzburg 1986, 140.

137 Vgl. dazu Menke, Sakramentalität, 132.

138 Tobin, Richard, Visits to the Blessed Sacrament for the 21st Century, Dublin 2011, 29 (Visit 6).

139 So der anglikanische Theologe John Macquarrie: ders., Prayer is Thinking, in: The Furrow (1970) 676–686.

140 Halík, Tomáš, Nicht ohne Hoffnung. Glaube im postoptimistischen Zeitalter, Freiburg i. Br. 2014, 148.

141 Halík, Nicht ohne Hoffnung, 13.

142 Eucharistie. Sakrament des Neuen Lebens. Hg. von der Theologisch-historischen Kommission für das Heilige Jahr 2000, Regensburg 1999, 70.

143 Ebd., 65, vgl. auch 73.

144 Ebd., 74.

145 Ebd., 74. Dabei muss man verdeutlichen, dass Danksagung sich nicht erst bei Jesus herausbildete, sondern in Israel tief verwurzelt ist, und zwar in der Praxis der *berakah*, im preisenden Lob- und Danksagen an Gott für die Gabe des Lebens, die Gaben der Schöpfung, die Erhaltung und Führung in der Geschichte.

146 Vgl. ebd., 68–70.

147 Schlosser, Marianne, Erhebung des Herzens. Theologie des Gebetes, Sankt

Ottilien 2015, 104.

148 Vgl. Tischinger, Michael, Jeder Tag ist ein geschenktes Leben. Schritte der Achtsamkeit, Freiburg i. Br. 2013, 152–155.

149 Vgl. Pichler, Eucharistische Lebenskultur, 102.

150 Schutz, Roger, Gott kann nur lieben. Erfahrungen und Begegnungen, Freiburg i. Br. 2002.

151 Für das Folgende siehe auch: Herzig, Eucharistische Anbetung, 52–56.

152 Schulte, Raphael, Zur Eucharistie in katholisch-ökumenischer Sicht: Taufe – Amt – Eucharistie im ökumenischen Dialog, Wien 1979, 23–40, hier 38.

153 Vgl. Tück, Gabe der Gegenwart, 353–356: „Anamnetische Solidarität mit den Toten".

154 http://w2.vatican.va/content/benedict-xvi/de/encyclicals/documents/hf_ben-xvi_enc_20051225_deus-caritas-est.html (Zugriff: 30.05.2017).

155 Vgl. Jésus Christ, pain rompu pour un monde nouveau. Document théologique de base pour le Congrès Eucharistique International (Lourdes/Juillet 1981), Paris 1980, 68.

156 Ganoczy, Alexandre, Glaubwürdiges Feier der Eucharistie, in: GuL 45 (1972) 98–109, hier 101.

157 Tobin, Visits, 9.

158 Der Katechismus spricht jedoch auch von Sünden, zu deren Vergebung nicht das Sakrament der Eucharistie, sondern das der Buße bestimmt ist, und bekräftigt, dass die Eucharistie das Sakrament derer ist, die in voller Gemeinschaft mit der Kirche stehen (KKK 1395).

159 Zum Thema Vergebung siehe: Schulte, Ludger, „Wer nicht bereut, hat nicht gelebt. Wer nicht vergibt, hat keine Zukunft" – von der Not und dem Segen der Vergebung, Frankfurt 2011; Halík, Tomáš, Berühre die Wunden. Über Leid, Vertrauen und die Kunst der Verwandlung, Freiburg i. Br., 2. Aufl. 2014; Grabe, Martin, Wege der Vergebung. Befreiender Umgang mit Verletzungen, Marburg 2002; McManus, Jim, The Inside Job. A Spirituality of True Self-Esteem, Chawton 3. Aufl. 2008 (mit Thornton, Stephanie); Wolfers, Melanie, Die Kraft des Vergebens. Wie wir Kränkungen überwinden und neu lebendig werden, Freiburg i. Br. 2013.

160 Halík, Berühre die Wunden, 211.

161 Ebd., 213f.

162 Balthasar, Hans Urs von, Verehrung des Allerheiligsten, in: Klarstellungen, Freiburg i. Br. 1971, 111–116, hier 114.

163 Alfons von Liguori, Besuchungen, 4. Tag.

164 Vgl. Jésus Christ, pain rompu pour un monde nouveau, 68.

165 Quelle: http://iec2016.ph/7005/ (Zugriff: 21.04.2017).

166 Vgl. Jésus Christ, pain rompu pour un monde nouveau, 67f.

167 http://w2.vatican.va/content/francesco/de/encyclicals/documents/papa-francesco_20150524_enciclica-laudato-si.html (Zugriff: 30.05.2017).

168 Vgl. Izbicki, The Eucharist in Medieval Canon Law, 102.

169 Benedikt XVI., Homilie in der Eucharistiefeier am Hochfest des Leibes und Blutes Christi (15. Juni 2006), in: *L'Osservatore Romano* (dt.) Jg. 36, Nr. 25 (23. Juni 2006), S. 7; AAS 98 (2006) 513.

170 Scheuer, Manfred, Wie lange noch? Zur Zeitstruktur der Eucharistie, in: TThZ 111 (2002) 106–122, hier 115.

171 Ebd., 107. In einem Vortrag 2007 in Innsbruck hat Manfred Scheuer dies – dann schon als Bischof dieser Diözese – dezidiert für die eucharistische Anbetung ausbuchstabiert.

172 Green, Arthur, EHYEH. A Kabbalah for Tomorrow, Woodstock 2004, 171.

173 Tück, Gabe der Gegenwart, 341.

174 Ebd., 343.

175 Ebd., 344.

176 Ebd., 347.

177 Zitiert bei Tück, Gabe der Gegenwart, 363, Anm. 238.

178 Ebd., 363.

179 Benedikt XVI., Predigten, Ansprachen und Grußworte im Rahmen der Apostolischen Reise von Papst Benedikt XVI. nach Köln anlässlich des XX. Weltjugendtages (Veröffentlichungen des Apostolischen Stuhls 169), Bonn 2005, 85f. Zit. auch bei Dirscherl, Erwin, Wandlung als Transitus, in: Bruckmann, Florian (Hrsg.), Phänomenologie der Gabe. Neue Zugänge zum Mysterium der Eucharistie, Freiburg i. Br. 2015, 243–267, hier 266f.

180 Stock, Alex, Orationen. Die Gabengebete im Jahreskreis neu übersetzt und erklärt, Regensburg 2016, 48.

181 Dies zieht sich auch durch die meisten kirchenamtlichen Veröffentlichungen zur Eucharistie, zuletzt auch im Vorbereitungsdokument zum Eucharistischen Kongress in Manila / Philippinen 2016.

182 Greshake, Gisbert, Maria – Ecclesia. Perspektiven einer marianisch grundierten Theologie und Kirchenpraxis, Regensburg 2014, 585. Hervorhebung von A.H.

ABKÜRZUNGEN

AAS	Acta Apostolicae Sedis (Ro 1909) ff.
CCL	Corpus Christianorum seu nova Patrum collectio ser. Latina. Th–P 1953 ff.
DH	Kompendium der Glaubensbekenntnisse und kirchlichen Lehrentscheidungen = Enchiridion symbolorum definitionum et declarationum de rebus fidei et morum / Heinrich Denzinger. Lateinisch-deutsch, übers. und hg. von Peter Hünermann, Freiburg i. Br. u. a., 37. Auflage 1991.
GL	Gotteslob. Katholisches Gebet- und Gesangbuch. Ausgabe für die (Erz-)Diözesen Österreichs, hg. von den (Erz-)Bischöfen Deutschlands und Österreichs und dem Bischof von Bozen-Brixen, Stuttgart-Wien, 2013.
GuL	Geist und Leben. Zeitschrift für christliche Spiritualität, 45 (1972) und 49 (1976), Würzburg.
HerKorr	Herder-Korrespondenz, Monatsheft für Gesellschaft und Religion, 67 (2013) Freiburg i. Br.
KKK	Katechismus der katholischen Kirche, Neuübersetzung aufgrund der Editio typica latina, München u. a., 2., veränderte Auflage, 2003.
LThK	Lexikon für Theologie und Kirche, begr. von Michael Buchberger, hg. von Walter Kasper u. a., Bd. 1, 3., völlig neu bearbeitete Auflage, Freiburg i. Br. u. a. 1993 und Bd. 4, 3., völlig neu bearbeitete Auflage, Freiburg i. Br. u. a. 1995.
PG	Patrologia Graeca, ed. J. P. Migne, 167 Bde. P 1857–66.
SC	Sacrosanctum Concilium, Konstitution über die heilige Liturgie vom 4. Dezember 1963.
TThZ	Trierer Theologische Zeitschrift: Pastor bonus, hg. von der Theologischen Fakultät Trier in Verbindung mit dem Fachbereich Katholische Theologie der Universität Mainz, Nr. 86 (1977) und Nr. 111 (2002), Trier.